U0530618

附图：拍摄场景

短视频
流量
密码

网红校长 著

中国友谊出版公司

图书在版编目（CIP）数据

短视频流量密码 / 网红校长著. -- 北京：中国友谊出版公司，2022.10
ISBN 978-7-5057-5551-2

Ⅰ. ①短… Ⅱ. ①网… Ⅲ. ①网络营销 Ⅳ. ①F713.365.2

中国版本图书馆CIP数据核字（2022）第161195号

书名	短视频流量密码
作者	网红校长
出版	中国友谊出版公司
发行	中国友谊出版公司
经销	新华书店
印刷	三河市中晟雅豪印务有限公司
规格	700×980毫米　16开 18.25印张　192千字
版次	2022年10月第1版
印次	2022年10月第1次印刷
书号	ISBN 978-7-5057-5551-2
定价	65.00元
地址	北京市朝阳区西坝河南里17号楼
邮编	100028
电话	（010）64678009

如发现图书质量问题，可联系调换。质量投诉电话：010-82069336

目 录

推荐语 _01

自序　短视频为我们带来了巨大的商业机会 _07

前言　为什么我真诚地建议你应该尝试做短视频 _11

Part 01 精准定位：
找到最适合自己的短视频模式

第一章　了解短视频平台的底层逻辑 _003

短视频博主常见的五种变现模式 _005

短视频博主的变现方式 _007

如何选择适合自己的创作平台 _009

什么样的人更容易在短视频平台火起来 _011

打造个人 IP 前，一定要先做好定位 _019

商业定位：如何确定账号后期的商业模式 _021

内容定位：如何确定视频创作的内容方向 _023

1

个人定位：找到适合自己的人设 _025

你想要成为哪种类型的博主 _027

如何找到适合自己学习的对标博主 _034

第二章　打造人设：如何让观众第一时间关注你 _039

人设是可以设计出来的 _041

手把手教你给自己打造人设 _044

如何强化你的人设 _047

注册账号时，一定要注意的三点 _050

如何包装自己，让人点进来就关注 _051

案例拆解1：理财规划师如何成为财经大V _057

案例拆解2：抖音涨粉百万，变现十几亿的"地产酵母" _060

Part 02　爆款策略：如何拍出热门短视频

第三章　做好前期准备，才能拍出爆款 _067

做短视频IP前，先沉住气 _069

三分钟了解短视频平台算法推荐机制 _072

了解平台的禁忌，精准避坑 _073

发布作品前需要养号吗 _075
拍摄短视频需要准备哪些设备 _076
账号冷启动期应该有哪些操作 _078
稳住心态，度过短视频黑洞期 _085

第四章　爆款内容指南：用好的内容吸引用户 _089

好的选题是短视频的灵魂 _091
如何找到爆款素材，让你的灵感源源不断 _095
如何正确地追热点，快速涨粉 _099
谁用谁火的短视频标题创作技巧 _103
让视频完播率瞬间提升的标题命名技巧 _106
如何把握爆款脚本的结构 _110
创作视频脚本的三个层次 _112
爆款内容公式 _117
如何利用一个作品反复给自己赚钱 _121
如何提升镜头表现力 _124
拆解百万点赞视频的核心特点 _128
如何包装剪辑出高质量的作品 _130
如何吸引目标用户并让对方为你付费 _132

第五章　运营策略：利用算法上热门 _135

了解抖音的流量池，精准分析你的播放量 _137

利用短视频平台的算法机制上热门 _139

想提高完播率，视频应该如何发布 _142

利用好日常视频的这个宝藏功能 _144

DOU+ 有没有必要投放 _145

如何投 DOU+，撬动自然流量 _148

外挂有效，但不是万能的 _152

避坑指南：做短视频一定不能进入的误区 _153

如何判断自己是否被平台限制流量 _156

怎样与粉丝互动才能增加粉丝黏性 _157

第六章　13 天短视频训练：手把手教你拍出第一个爆款 _163

第一天：为什么你的短视频不火 _166

第二天：找到你的定位 _169

第三天：包装你和你的账号 _171

第四天：如何拥有爆款选题能力 _173

第五天：如何利用爆款作品精准涨粉 _174

第六天：恭喜你可以拍第一条作品了 _175

第七天：拍完只是皮囊，剪辑才有灵魂 _177

第八天：重拍一遍 _180

第九天：让自己成为一名导师 _181

第十天：打动人心，引发共鸣 _181

第十一天：目中无人，心中有人 _183

第十二天：再重来一遍 _184

第十三天：结束，也是新的开始 _185

Part 03 高效变现：
如何利用直播为你变现

第七章　变现法则：短视频博主一定要做直播 _189

为什么短视频博主一定要做直播 _191
直播变现法则 1：起步时就要做好直播的准备 _194
直播变现法则 2：抓住引爆点，立即直播 _197
直播变现法则 3：激发付费意愿，留住精准粉丝 _199
直播变现法则 4：会卖，才是变现的核心 _200
如何开一家自己的抖音小店 _202

第八章　直播的打法：如何成为直播间的变现高手 _205

直播时如何分享知识，高效涨粉 _207
一场高质量的直播，需要做哪些准备 _208
新手直播必备小技巧 _210
新人开播时的四大雷区 _212
理解吸引用户的四大路径，提升直播间人气 _213
影响直播间人气的五大要素 _214
为什么在直播中必须和粉丝互动 _216
遇到黑粉或者喷子不用慌 _217
简单好用的互动话术和技巧 _219
直播卖产品，别让品位限制你 _222
卖产品时，如何带好节奏 _223

直播实战练习 _226

深度复盘：一场直播，如何卖到 300 万元销售额 _230

Part 04 构建商业模式：企业如何做抖音

第九章　老板一定要跟上流量时代 _237

老板为什么要做抖音 _239

什么样的老板适合做创始人 IP _242

为什么要做企业矩阵账号 _244

企业矩阵账号应该如何搭建 _246

如何保证账号归公司所有 _248

如何跟旗下达人分配利益 _249

日不落直播间的搭建 _251

日不落短视频矩阵搭建 _252

第十章　如何打造创始人 IP _255

公司创始人为什么要打造个人 IP _257

创始人 IP 的拍摄注意事项 _260

采访式短视频提问有哪些技巧 _262

如何选出采访的第一个问题 _265

创始人 IP 孵化的深度复盘 _266

推荐语

这本书颠覆了我对于网红校长的认知。

平日里,更多是在直播间和视频里看到能量满满的他,万万没想到,他的文字也会如此清晰、简洁而有温度。

我看过后的第一感受是,如果将来有人想要系统学习短视频和个人IP打造,我终于能有一本认真向他推荐的书了。

认真看过了书中大部分的内容,可以负责任地讲,网红校长把他做短视频和打造个人IP相关的思考、经验、精华在这本书中和盘托出,毫无保留。书中既有经验、实操,也有"内功心法",适合从零起步到创始人、操盘手级别的所有短视频相关从业者认真阅读、学习。

另外,这本书也一定值得你读上很多遍。相信我,每隔一段时间再读,它又会带给你诸多新的思考和感悟。

——**黄有璨**
**畅销书"运营之光"系列、《非线性成长》作者,
有瞰学社创始人兼CEO**

网红校长是我们这批新东方老师里努力又有天赋的人，他奇迹一般"杀"入短视频赛道，做得出奇地好，还带领了一批老师和知识博主，帮助他们更好地发挥自己的能力。这本书是他的法宝和精华，推荐大家看一看。

——李尚龙
作家、飞驰成长创始人

如果你是一个素人，看完这本书可能会改变你的命运，因为我和你一样，我曾经就是一个素人。后来，因为结识了网红校长，改变了我的命运。

这么说你会觉得夸张，但确实是他一步一步打开了我对自媒体的认知，他把一件我认为很难的事情变得很简单，他可以在我原来的主业上去赋能并放大我自己。

我选择他，因为他曾是一位老师，老师更懂得如何总结经验，如何更好地分享和传授。更因为他的正能量和积极乐观，亦如小太阳一样发光发热。

当你认真读完这本书，不仅可以打开你的认知，提升你的技能，你会发现，实战派经验中的每一字都充满含金量，可以穿透你困顿已久的瓶颈，可能也会改变你的人生。

——孟玥臻
地产酵母、"安居好房"创始人、"房之星"创始人无论多么艰难，每个时代都有它的红利，而短视频创业就是我们这个时代独有的机遇。如果你想在这片大海中寻宝，那么这本书绝对是你能找到的绝佳的藏宝图。

无论多么迷茫，只有和有结果的人学习，才会最大限度地少走弯路，迎头赶上。

而覃流星老师，就是那个"说让谁火，谁就会火"的人。读完此书并照做，下一个火的人，也许就是你。

——艾力
《奇葩说》辩手、青年作家

网红校长的这本书，对我而言简直就是回忆杀。我生命中最感谢的两个男人，一个是我老公，一个是网红校长。

网红校长是一路伴随我成长起来的，见证了我"爆火"之路，带领我进入千万财富俱乐部的领路人。

我经历过最早期的迷茫，完全不知道怎么做抖音，拍视频看到镜头就紧张。那时候，校长说，你要做好一条视频拍一百遍的准备，我听话照做执行。这个事情，为我今后的镜头感、表现力打下了坚实的基础。

我磕磕绊绊的每一步，每一次遇到的问题，可以说，这本书里都能找到答案。

其实，我是网红校长带的所有学员中，进步最慢、最笨，班里最差的学生。校长还说过要给我颁发"最佳死磕学员"奖。一年半啊，我不仅没火，连个泡泡都没冒过，依旧是最差的学生。但是我想，校长都没放弃我，我为什么要放弃自己？

校长这本书，我觉得应该做一个特别精装版，因为我想永远珍藏。它讲述的不只是校长的智慧，还有我的回忆。

——恩恩姥姥

我从小就觉得我是个很幸运的人。为什么这么说呢？因为我从学生阶段走向社会好像一切都顺风顺水，选择创业之后第一个月就回本，这一路上虽然有困难，但总能解决。做留学咨询，最难的就是获客，我也不喜欢高昂的获客成本，总觉得抖音是一个机会，直到有一天半夜，我刷到了网红校长的视频，那时候他已经孵化了地产酵母、廖恒悦等IP。

我看了他们所有的视频，一直到凌晨四点。第二天，我就联系他的助理，去他的公司聊合作。

我总感觉，这个男人虽然没告诉我要怎么做，但他可以帮我。

网红校长就是有这个自信。他没有给我买DOU+，也没有帮我发视频，但他告诉我：我可以火。他确实也做到了，我拍的第二条视频就成了爆款，有1000W播放量，让我感受到了自媒体的力量，也让我重新燃起了信心。

现在，我也算是抖音留学咨询领域第一梯队的IP，在这一路上，他给了我大量实用的建议，这些建议的价值远远超过了我向他支付的298000元的费用。

收到样书的时候，我立刻就看完了。我觉得，所有想打造个人IP的梦想者，都应该把这本书熟读5遍以上！

——留学韩老师

感恩我的短视频入门老师——网红校长，也很荣幸成为第一个 298000 元的付费用户。

短视频给我带来很多改变，从深圳到北京，从上班到创业、从月入十万到月入百万；短视频是一个绚丽的舞台，它让我的专业和真诚迅速被千万人看到，这是曾经不敢想象的。而建立整个强大的 IP 的过程，甚至其中的细节，都被校长详细地记录在了本书里。

这本书不仅有如何创造爆款视频、直播、变现完整体系的理论框架，更有无数的真实案例，每一个部分，都值得细细研读，我甚至觉得应该多读几遍。

理论和实践紧密地结合，相信每一个拿到书的朋友，都可以实现短视频从 0 到 1 的创作，真诚的推荐给每一位想要开始短视频和打造 IP 的朋友。

——**廖恒悦**
知名理财博主

这本书让我很不满。因为有人走在了我的前面，有人真的想要通过一本书完整地教会大家短视频 IP 的打造方法。

正如书中所说的，很多 IP 是被筛选出来的，大 IP 更是一定意义上的"天选之人"，网红校长在短视频 IP 领域的"网感"，是一种天赋，他知道什么样的人，一定可以成为 IP。

个人 IP 可能是近五年来短视频赛道最火热的词，不管是个人还是企业主，都疯狂地想要在短视频上树立自己的人设，建立自己的圈子，仿佛只要在短视频上火起来，人生就一片光明。事实当然并非如此，但是在这样的浪潮下想要保持理智是难得的，我自己不也躬身入局？而网红校长，是我入局的引路人。

向有结果的人学习是我信奉的人生信条。如果有人告诉你，有个人在短视频领域孵化的博主们吸引了上千万粉丝、赢得了上亿的流量，不管是地产、财经、教育，还是服装、珠宝……各个赛道都有他扶持起来的大IP，当他把自己的心得毫无保留地分享出来（是的，毫无保留），你会给这本书定价多少？

在我看来，这是所有短视频IP从业者入门必备的书。这个行业没有秘密，只有信息差，但是只要读过这本书，你就会在IP这个领域领先绝大多数人。

纸上得来终觉浅，希望你我都不要辜负这本书的价值，不要辜负网红校长的心血。

所有在新媒体浪潮下想要乘风破浪的从业者们，加油！

——董十一

自序

短视频为我们带来了巨大的商业机会

谨以此书献给那些热爱这个世界,并想通过自己的努力让世界变得更好的朋友们。

你好,我叫覃流星,在抖音上叫网红校长,是众多知识博主背后的老板和操盘手,抖音平台上很多知名的知识博主和行业专家IP[①]都是我和我的团队孵化的。我们擅长打造IP,并发掘人们身上能被短视频放大的闪光点。一个想要打造个人IP的专业人士跟我聊半小时,我就能快速地给对方梳理好IP定位,确认商业变现模式,并罗列一系列可执行的爆款选题方向。

敏锐的嗅觉并非凭空而来的,在短视频兴起前,我就在无意中做了多

---

① IP:IP的全称是"Intellectual Property",是"知识产权"的意思。广义上的IP还包括概念IP、内容IP和人物IP,但都具有知识产权属性。打造IP通俗地讲,就是指打造有影响力的个人或品牌,什么是影响力,就是能够影响粉丝的行为。打造IP就是用系统性的方法把一个人或一个品牌的影响力打造起来。

年的摸索。

我曾经是新东方的一名英语老师和管理者。在新东方工作期间，为了给自己管理的教学部门招学生，2012年，我做了新东方第一个教学类公众号"新东方英语俱乐部"。通过这个公众号，我组织了"中国合伙人口语大班课""最美学霸""看电影学口语"等活动，给部门带来了超千万元的营收。因此，我受到俞敏洪老师的邀请，到北京总部给全集团的高管做分享。从那之后，全国各地的新东方分校都开始向我们学习，去做自己学校的公众号。

2014年，我离开新东方开始自媒体创业。2015年在喜马拉雅平台上做一档英语节目，名叫《英语啪啪啪》（后更名《英语头条》），成为一名网红英语老师。这档节目，我坚持更新了3年多，也因此通过自媒体做知识付费积累了人生的第一桶金。

一开始做节目的时候，我就有意识地把音频平台上的粉丝导流到我的微信公众号上。节目上首页推荐一天就能吸引好几千位粉丝关注我。之后，通过各种福利活动，我又将粉丝引导到我的个人微信号上，当时我的十几个微信号都加满了好友，积累了数万名喜欢英语的精准粉丝。我在个人账号上推出了各种好玩有趣的活动，甚至还在北上广深等城市开过收费的粉丝见面会。算起来，我称得上是互联网上早期的网红老师。

2015年的"双十一"，我们推出了英语课程，在公众号上一天的销售额就突破了百万元，当然，那个时候还没有"私域流量"这个词。

2016年，"一招"[①]在北京的海淀剧院举办"新媒体大会"，我作为主讲嘉宾之一，给1000名教育公司的创始人和高管讲授如何利用公众号招生。也正因为那次分享，我的名字被更多教育圈的朋友们所知道，给我后

---

① 一招：北京一招科技有限公司。

来的创业和融资奠定了很好的人脉基础。

2018年,我开始做抖音,并且开始孵化其他优秀的英语老师成为网红老师。那个时候抖音上还没有多少英语老师,我们孵化出的"大白外教英语",第三个视频就超过100万点赞了,火得特别快。

2019年年底,我决定到北京发展,并创办了"101名师工厂"。到北京的第一天就拿到了"蓝象资本"的天使投资。一个月后,"北塔资本"决定给我们A轮超千万元的投资。我们成了教育MCN[①]里发展最迅猛的公司。通过各种新闻媒体报道,让我们的知名度在行业内迅速飙升,也便于我们签约孵化更多的老师。很多网红老师,都是因为看我的视频或者通过学习我们的IP孵化课程,从而走上了网红老师之路,我成了众多知识博主背后的老师。

我们签约孵化了各行各业的精英、创始人,比如北大丁教授、申怡读书、大白外教英语、哈佛常爸、王小宁商业演讲、地产酵母、廖恒悦、董十一、刘毅完美英语、蜗牛叔叔讲绘本、许瑶璇、澳洲老油条、创业真心话、戴老师讲数学、珠宝格格大顺、桐姐商业思维、王然布舍、李蕾、路小曼、运营之光黄有璨、李老师编程竞赛、海淀陈老师、王传越等。

如果你想通过短视频打造个人IP变现,或者是通过打造矩阵账号为自己的公司品牌赋能,我将在本书中跟大家毫无保留地分享在过去几年中IP孵化踩过的坑和积累的宝贵经验,希望能帮助到更多真正可以为这个社会创造价值,能为这个世界带来更多优质内容的博主。

---

① MCN:MCN就像是一个中间商,上游对接优质内容,下游寻找推广平台变现。国外的MCN早期以经纪模式为主,帮助视频红人变现。而国内的MCN模式不同,机构只需要和内容生产者对接上,内容生产者专心做内容,MCN机构帮你包装、营销、推广和变现。

本书一共分为四个部分：第一部分，做好定位，不走弯路；第二部分，爆款短视频的秘密，搞定流量；第三部分，直播间高人气方法论，高效变现；如果你是企业的老板、创始人，在本书的最后一部分，我还分享了创始人IP的打造方法及企业短视频矩阵的方法。

前言

为什么我真诚地建议你应该尝试做短视频

短视频的月活用户数已经超过了8亿人次，更让人吃惊的是，短视频用户的日均使用时长已经达到了200多分钟，也就是说，这些用户每天要在短视频平台上花费将近4个小时的时间！"流量在哪里，用户在哪里，机会就在哪里。"对于跃跃欲试的你，千万不要错过这个短视频的机会。

为什么人人都可以做抖音？因为抖音是一个去中心化的平台，每位入场的新人都有机会。"在抖音，万物皆可卖"，因为抖音的算法是根据用户的喜好去匹配的，你想要在抖音上获取什么样的用户，就发布他们感兴趣的内容，这样就可以找到你的目标客户。

同时，抖音也可以放大你的才华和商业价值。比如我们孵化的"语文名师申怡"（现改名"申怡读书"），其在线录播课程销售额高达数千万元；创始人IP孵化的"地产酵母"，其团队在2021年，仅用了5个月就累计销售了价值十几亿元的房子，并且还孵化了数百名地产博主，成为地产博主中的"变现王"；我们知识博主陪跑营的学员"恩恩姥姥"，单月变现超过 1700 万元，成为抖音学浪平台 2021 年 2 月的双料冠军。因此说，只要你能持续、稳定地输出有价值的内容，并且做到"坚持拍摄、不断调整、静待花开"，就一定能够获得你想要的粉丝，拿到你想要的结果。

写这本书还有一个初衷：我看到太多假专家、假老板在抖音上靠吹牛获得了粉丝和流量。而那些真正有水平的行业专家以及创始人，由于羞于宣传自己，或者不知道应该怎么获得流量而被埋没。我希望这本书能够帮助到更多真正有水平的人，通过实践我们的实战方法论，借助短视频的风口，去影响和帮助更多人。

如果你看完这本书，觉得书中的方法论对你有一些启发和帮助，希望你能把这本书推荐给更多有能量的人，我们希望通过影响有想象力的人，去影响更多普通人，进而让更多人因为短视频而受益。

接下来，让我们一起开启本次"短视频商业机会探秘之旅"。

Part

01

精准定位：

找到最适合自己的短视频模式

第一章

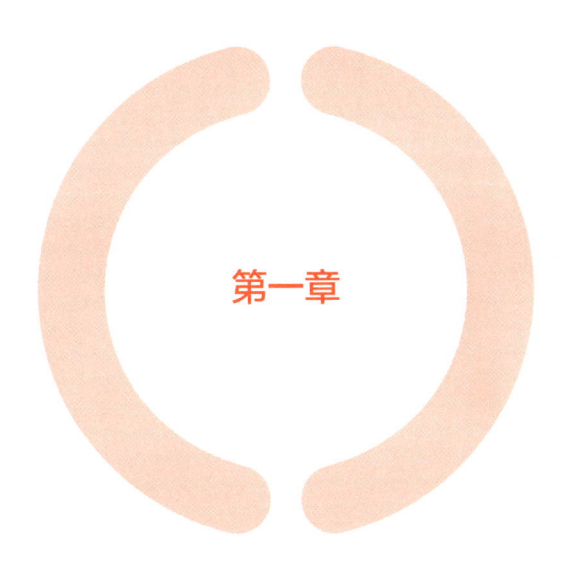

了解短视频平台的底层逻辑

短视频博主常见的五种变现模式

对绝大多数人来说，他们做短视频就是为了提高流量，为了变现，为了赚钱。那么，短视频平台到底有哪些比较主流的变现方式呢？

如果把抖音想象成一个集市，什么东西最受人欢迎？当你去逛集市的时候，你喜欢看什么东西？站在这个角度，瞬间就可以明白：抖音是一个内容平台，现实生活中什么样的内容能吸引大众，抖音上什么内容就容易火起来。

第一种，是那些表演二人转的、演杂技的、唱歌的、跳舞的……这些娱乐节目是大家赶集最喜欢看的。所以在抖音上面你会发现，跳舞的、唱歌的、搞笑的是最受欢迎的内容。

第二种，是涉及情感纠纷的、抓小偷的、打"小三"的，很多人都围上去了，去看热闹。

第三种，是相对来说比较难做的——一群人来逛庙会，你在这儿讲知识，教大家数学题怎么解，教大家这个英文单词怎么念，教大家怎样读书，教大家怎么做人。因此，在娱乐平台做知识博主往往是最难的，但随着时间的推移，为了提高平台的整体内容调性，平台会专门邀请一些真正的专家学者来生产优质内容，以平衡平台内容的调性，不能过分娱乐化。这也就是为什么平台常常会打击一些头部低俗 PK 博主①。

第四种，这类知识博主，类似于"商业小纸条"这样的，他的方式不是一本正经地讲知识，他是给你讲故事、说评书，用通俗有趣的方式让你了解知识。

第五种，你会发现，评书和相声也是大家喜欢的，用趣味性的方式展示知识，在抖音上广受好评。有一位短视频 IP 孵化陪跑营的学员，两个月涨粉 700 万人，变现超千万元。她就是一夜爆火的"恩恩姥姥"，她通过"英语 + 童话故事"的夸张演绎方式，吸引了数百万宝妈粉。大家要知道，宝妈粉是抖音上消费意愿最强的粉丝，她们是网上购物的主流人群，所以有人开玩笑说"得宝妈者得天下"。还有很多优秀案例，我会在书中一一给大家列举。

以上是短视频平台的基本流量特点，它跟人性有关，跟用户的需求有关。

那么，短视频博主的变现模式是怎样的呢？不同类型的博主，适合的变现形式也是不一样的。

---

① PK 博主：PK 博主就是一个主播在直播时，可以对另一个直播间的主播发起挑战。一旦接受挑战，两个直播间的主播就开始进行连麦互动，直播界面一分为二，同时显示两个主播的画面，两方粉丝也会进入到同一个直播间中。当两个主播成功进入 PK 模式后，两方粉丝通过点赞、刷礼物等方式，来为自己的主播"打 call"。根据直播界面上的蓝色条与对方红色条的贡献度来决定胜负。输了的一方要接受惩罚，可以是真心话大冒险，也可能是一段才艺表演。

短视频博主的变现方式

第一种，卖产品

这是目前为止最广为人知的一种变现方式，其中，卖什么产品是关键。产品可以分为实物产品和虚拟产品。实物产品是目前很多实体商家和电商主要在做的事情，虚拟产品主要是指销售会员、课程、服务等虚拟产品，比如"樊登读书"和"得到"销售的就是平台的会员，"英语雪梨老师"销售的是英文课程，而像我们做的"创始人IP孵化"，销售的是服务。

需要通过怎样的方式去卖产品呢？

第一，可以通过短视频直接挂小黄车带货，不管是实物还是虚拟产品，都可以通过直接带货的方式变现。

第二，可以使用直播带货的方式。这种方式也是非常直接、非常高效的。

第三，可以将粉丝导入自己的私域（私人社群），然后变现。

现在各大平台对导私域这种方式的控制都非常严格，但仍然还存在很多方法，可以把公域流量的用户转移到自己的私域流量（就是个人微信号），然后通过社群或者朋友圈营销的方式去销售产品。这种方式，可以帮助你更加精准地沉淀一批用户。

这里要强调一个概念，就是"付费用户才是你真正的铁杆粉丝"。我经常说的一句话是"关注你的不是粉丝，愿意为你买单的才是真正的粉丝"，哪怕他只愿意付一块钱，也说明他是有付费意识和习惯的。所以，你要想尽一切办法把这类用户导到自己的私域流量上来，他们就是能让你真正转化变现的目标客户。

第二种，接广告

接广告是有一定门槛的，小博主比较难接到，一般是腰部或者头部的博主才能获得品牌方的青睐，花钱让这些博主推广。

推广一般有两种方式：一种是在短视频里植入产品做品牌推广；另一种是通过直播间直接带货，来赚取"坑位费"和"返佣"。

第三种，卖项目

如果你是一个加盟连锁店的老板，你可以通过抖音去招商，这可以让很多中小品牌（尤其是加盟费不是很高的品牌）在抖音上获得巨大的发展潜能。

比如一个品牌的加盟费只要 5 万元，如果能卖给 1000 人，就是 5000 万元，这样就能迅速打通渠道。所以，如果你有一个靠谱的项目，可以在短视频平台上销售，这也是目前非常好的一种变现方式。

第四种，打 PK

这种方式要慎用，尤其不建议女性去做 PK 打赏主播。我有朋友就在 MCN 机构（简单理解就是"网红孵化平台"），他曾经和我说，有些网红在短时间内挣到了不少钱，他们会因此产生一个错觉，那就是赚钱太容易了，因而很难再回到现实生活中来，由此产生巨大的落差感和冲击感。随着时间的推移，很多网红就会越做越痛苦，尤其是 PK 女主播，很多都会出现不同程度的焦虑、抑郁等问题。

第五种，补贴

这种方式在不同的平台会有一些差异，平台会根据你的播放量给予相应的补贴，但这种补贴在国内少到可以忽略不计。在国外，比如YouTube，如果你有100万粉丝，就可以"躺挣"很多钱。但是在中国，按照视频播放量来给内容创作者补贴的情况还是比较少见的。

以上，我们介绍了短视频流量变现的五种方式：卖产品、接广告、卖项目、打PK以及补贴，个人建议尽量选择前三种变现方式。了解和掌握这几点信息，可以让你在短视频领域少走很多弯路。

如何选择适合自己的创作平台

把抖音作为主战场

如果你是一个新手小白，以前没做过短视频，我给你的建议是"坚定不移地把抖音作为你的主战场"。因为抖音的用户量和日活跃用户数量（简称日活）是目前最高的，而且"抖音极速版"的日活也几乎超过快手了。

流量最大、活跃度最高的平台是你明智的选择，其他的平台可以当作备选。比如，当你的一个视频在抖音平台发布之后，可以同步更新到快手、小红书、视频号等短视频平台，这只会多占用你一点时间，但或许可以形成协同效应，让作品传播效益最大化。

先易后难

哔哩哔哩（简称 B 站）这类平台，其实是不太适合小白的。因为短视频内容还没有做好，中长度的视频就更难了。如果你有很专业的技能，拍摄的视频质量很高，那 B 站这类平台也是一个不错的选择。

比如在我们重庆的公司有一位教雅思的老师，他就是通过在 B 站发布视频，一天的课程销售额可以达到 7000 元。再比如"老师好我叫何同学"，他的视频内容质量非常优质，还曾对苹果 CEO（首席执行官）进行了专访，何同学的一条广告报价 300 万～500 万元。

但是，这些基本上都是高段位选手去做的。对于新手小白，我给出的建议是：前期坚定不移地把精力放在抖音上。因为抖音是目前最容易上手的平台，也是商业价值最高的平台，抖音的用户消费水平相比其他平台的更高。相同的视频，发到抖音和其他短视频平台，抖音的流量往往会更高一些。

当然也不要完全忽略其他平台

虽然我建议你先在抖音发力，但做事情也不能绝对化。有不少创作者在抖音上发布的视频效果并不理想，但是在其他平台却非常火，这种情况并不少见，我们曾经孵化出的一位素人博主就把相同的视频发在抖音和快手上，在抖音上毫无反应，但在快手上一天涨了十几万粉丝。所以，当你在选择短视频平台的时候，可以把成功概率相对更高一点的抖音作为主战场，同时把视频也分发到其他平台，这样效果会更好。

另外，还有两个平台我们也不能忽略——今日头条和微博。如果你的目标用户是年纪比较大的，比如40岁以上，你也可以把视频发到今日头条，从这个平台导流过来的客户可能是最精准的。现在很多人可能会忽略微博这个昔日的王者，但真实情况并非如此，曾经被誉为"高考数学大神"的网红老师就和我说过，微博相对抖音的管控没有那么严格，他就是通过抖音把用户导流到微博，然后再去转私域成交高客单价的课程，他这套课程三年卖了过亿元人民币，几乎每一单都是微信个人号成交。

总结来说，就是每一个平台都有自己的属性，对于起步阶段，不要贪多，用心经营一个平台，把做好的内容同时分发到其他平台。如果收获流量就要想办法及时转化和变现，流量如果不及时去利用，就会被浪费，所以要想办法把公域流量导到自己的私域流量，让粉丝成为你真正的用户。

什么样的人更容易在短视频平台火起来

在讲方法之前，我们先说一说"心法"。什么是"心法"呢？其实就是做短视频的发心。发心对了，一切就对了。

在开始行动之前，你要坚定信心，调整自己对于做短视频的认知。

我常常说，做短视频IP一共有四件事——选人、选题、包装、表现力。其中，第一个重要环节就是选人。我是做网红博主孵化的，人选对了，事儿就成了一半，所以做好短视频IP的第一步是选对人；如果你想要打造属于自己的个人IP，你要做的就是"让更多人看到你的价值，放大你的优点,吸引认可你的粉丝,最终转化为可以为你价值买单的客户"。

在打造个人 IP 之前,你需要认真阅读以下十个标准,只要把每条标准都做到位,你就一定能在短视频平台拿到你想要的结果,只是时间快慢问题。

1. 有想要成为网红博主的强烈愿望

有一本书叫作《吸引力法则》,这本书中的理念深深地影响了我。其中阐述的一个重要的理念就是,你想要做成一件事,首先要有足够强的做成这件事的愿望,愿望越强烈,成功的可能性越大,成事的愿望会指导你前进的方向,英文中有句谚语:There can be miracles when you believe(当你相信奇迹的时候,奇迹就会发生)。如果你只是打算随便做做,结果一定做不好。

如果你是真的下定决心要做好短视频,就一定要拿出你的时间、精力和状态,认认真真地去干这件事。在做短视频 IP 之前,先问问自己:"对这件事,我有强烈地打造自己 IP 的愿望吗?"

2. 能在某个领域持续输出有价值的内容

"持续输出"很重要,想要做到这一点,最好是选择自己最擅长、真正有热情的领域。这样你就有足够热情和内容去持续输出。

另外一点,"有价值的内容"也很重要。当别人看到你的视频时,觉得有没有价值、有没有新的收获,愿不愿意持续关注你,然后跟着你去学习,相信你讲的内容,最后为你的产品买单。这决定了你的 IP 是否成功,人们只会为有价值的东西买单。

3. 自信地表达自我

自信是最起码的要求。我经常说，你在镜头里是什么样子，观众就会认为你是什么样的人，没人会关注一个说话不自信的人。所以，只要开机，状态就要调整好，把你最牛的一面展示给观众。当然，人都有状态不好的时候，状态不好的时候就不要录制视频，也不要做直播。

如果不自信，你就没有办法讲好自己想表达的东西。自信其实并不难，当你足够相信自己所讲的内容，就能自然地表达，在表达的过程中，自信自然会产生，不用刻意去伪装。

4. 每天愿意花足够多的时间

现在越来越多的人在全职做短视频，如果你想要快速收获成果，就需要比别人付出更多的努力。按照一天上班 8 小时来计算，别人付出 8 小时，你付出 16 小时；别人付出 16 小时，你可能要付出 18 小时……竞争很激烈，现实很残酷，只有这样，你才能增加自己脱颖而出的概率。

我们刚开始签了很多网红老师，他们开始播 1 小时就累了。我会让他们去看看直播带货的主播，很多主播一天至少直播 6 小时。如果你不愿意花时间在这件事上，那么这件事是干不好的。我去北京的一个网红老师直播公司参观交流，他们在地下室放了十几个直播仓，每个老师从早到晚，直播三场，每天直播加起来的时间超过 8 小时。他们都是很普通的素人老师，也很能吃苦，每个月加起来可以卖出去几百万元的课程，虽然看起来很差劲，但非常赚钱。

5. 想要通过短视频打造个人 IP 变现

变现是打造 IP 的最终目的，很多人在提到钱的时候难以启齿，但如果没有短期或者长期的利益收获，你很难坚持下去，直面欲望没有什么不好的。所以我再三强调，做 IP 前一定要设计好变现路径，不然粉丝再多也没用，粉丝不付费，一切都白费。

廖恒悦，她是我们 IP 孵化班学员，也是我们 298000 元的创始人 IP 孵化项目（以下简称 "298000"）的第一个客户，之前在深圳一个理财机构工作，是第一个出来通过短视频打造个人 IP 变现成功的案例。她从事理财工作十年，有自己的专业知识积累，通过打造 IP，在抖音上卖理财圈子和私董会的入会名额，单月变现超过百万元，还开启了家族办公室的业务，成了抖音上变现最好的财经博主之一。他们公司有一万多个像她这样的理财经理，而只有她抓住了短视频的风口。

6. 愿意一遍又一遍地打磨高质量作品

你要把自己创作的每一个短视频想象成自己的名片，当你递给别人的时候，你希望别人对你有什么印象？

在短视频平台，只要你愿意付出足够的精力，它就会给你想要的答案。

我们在重庆签约了一家线下机构的老师，叫"戴老师讲数学"。刚开始，她只是我们签约的很多素人老师其中之一，而现在粉丝有 200 多万。她曾经为了拍好一条视频，在一天之内，除去日常工作的时间，额外花了将近 5 小时，不停地修改、调整、打磨，最终拍出一条自己满意的作品——这个视频只有几十秒。

结果发到抖音平台，并没有获得自己预期的效果。一般人遇到这种情况，难免会产生失望、难过的情绪，甚至会自我怀疑，从而放弃这个作品。但是她没有，她又把这个作品发到了快手上，结果1天涨了10万粉丝。

所以，短视频平台是目前相对公平的平台，你付出得越多，成功的概率也会越高。不过前提条件是你要学会使用正确的方法，不断地调整策略，朝着正确的方向前进。

7. 发乎于心，要有利他精神

我在新东方的时候，老板经常讲一句话，"得到不该得到的得到，一定会失去不该失去的失去"。用这个理念禁锢欲望，就可以清楚地知道哪些钱能赚，哪些不能赚。如果赚了不该赚的钱，一定会反噬自己，你会变得越来越痛苦。

你创作的内容如果是为了帮助别人，以利他之心去做这件事，相应地，你收获的也会是好的结果。

你每天制作的内容，就是在对外发出一种能量信息，和你同频的人就可能会收到你的能量信息，因此为你点赞，认可你、关注你、追随你，因为他们觉得你的内容有价值。当他们对你产生足够的信任时，自然会为你买单。

所以，做一切事情的本源是你的发心，在做短视频的时候，你是否愿意帮助更多的人，能不能为客户创造价值，这是重中之重。

8. 放下固有思维，听取专业意见并付诸行动

有些人会觉得，别人长得不如他，讲得不如他，专业也不如他，显得很差劲。但是别人短视频的点赞却比他多，粉丝比他多，直播间的人数是他的十倍、百倍，这让他们非常困惑——"为什么这么差的人都能火？还

能卖这么多货？"

平台有平台的规则，你必须了解这些规则，并且听取在这个领域的专家意见。如果你的专业能力是 5 分，但是短视频营销能力是 0 分，总分只有 5 分。别人的专业能力可能只有 2 分，但是他懂得平台运营的玩法和套路，他在这方面的能力是 5 分，加起来就是 7 分，所以成功的是他，不是你。

我孵化的那些网红，有的人专业能力可能是 5 分，有些人可能只有 3 分，但是在我们的短视频营销能力和流量思维加持之后，他们的能力总分至少能达到 8 分，所以他们就会成功。

如果你的专业能力足够好，在搞懂短视频平台的运营规则、掌握流量思维之后，你就会爆发出无限的能量。

比如北大丁教授、申怡读书、地产酵母、廖恒悦、珠宝姐宋佳、李蕾……他们的专业能力都非常好，同时再加上流量思维和营销方法，就能在很短的时间内爆发。

所以，一定要学会放下自己的固有理念，沉下心来，把自己变成"海绵"，先把原有的"水"拧出去，然后吸收更多新鲜的"水"，这样你获得成功的概率就会得到很大的提高。

9. 有至少拍摄 100 个短视频作品的决心

做短视频，一定不要心急。

很多人拍了 10 个作品，没火，这很正常。如果你刚拍完 5 个作品就想着火，那基本上是在做梦。在我看来，你必须先拍摄 30 条短视频再说。短视频平台的算法虽然很复杂，但是它也会奖励那些真正努力耕耘的人。

我经常举一个"抓娃娃"例子：如果你只买 10 个币，很难抓到娃娃，但是如果你一上来直接先买 100 个币，抓到的概率就会非常高，因为心态决定成败，把 IP 孵化的时间拉长，心态就会变好。因为抓娃娃的机械爪的松紧是有概率的，你抓的次数足够多，就一定能抓到娃娃。短视频也一样，当你能持续稳定地拍出高质量作品的时候，一定会有作品能上热门。

有一次和知名的营销头部博主申晨老师在瑰丽酒店吃饭，我问他："哥，我看你的账号粉丝也不是很多，为啥一天到晚都能刷到你的视频？"

他反问我一句："你知道我们工作人员每天要发多少个我的视频吗？"

还没等我回答，他就揭开了答案："400 个左右。"仅仅是依靠短视频销售价值 199 元的课程，他一年就能有千万元的收入，还不用做直播，用数量对抗平台算法的不确定性。

这个例子说明一个道理：要做个人 IP，并不是说今天做了，明天就能有结果。关于个人 IP，我有一个"滚雪球"理论：当你决定做个人 IP 的时候，你每发出去一个视频就是一个小雪球，然后需要一个足够长的坡道，这个雪球就会越滚越紧、越滚越大，经过岁月的沉淀才会慢慢形成你的个人 IP。

所以，不要想着一个月、三个月就能成功，如果你真正想做好，就要有至少拍摄 100 个短视频作品的决心。你要不断告诉自己，你拍的每条视频对自己的人设、个人 IP 乃至人生都是加分项，你的每个作品都是对粉丝负责的，而且对他们是有价值的。

不要着急，时间拉长，心态放平。

10. 能承受火了之后的网络舆论压力

当你决定要打造个人 IP 的时候，当你决定站在镜头面前输出观点的时候，要明确的一点是：一定会有反对的声音。

有一次知名歌手柯以敏老师来我们公司交流，她跟我说她会和所有的明星学员交代："当你决定要走这条路的时候，你就要把自己当成一个商品。既然是商品，有人会喜欢，就会有人不喜欢。"这段话同样适用于想要打造个人IP，且脸皮比较薄的朋友们。

当你决定走到前台打造个人IP的时候，一定要学会放宽心，换个角度看问题。

比如，如何看待"黑粉"评论的问题。从数据的角度来看，不要觉得别人是在骂你，你可以把所有"黑"你的评论当作是在给你视频"加热"的数据，这样看，所有的"黑粉"都是在帮助你，你的心态瞬间就会好起来。

如果哪一天你发现自己有"黑粉"的时候，这说明你可能要火了，这是一个好的现象。

坚持做"少数人的英雄"，你就会收获他们的支持，这样你才有可能最终打造出你自己的个人IP。

我做创始人IP孵化的时候，会故意在每十个选题中留一个有争议的话题，就是为了让粉丝在评论区争论起来，只有评论区热闹起来，视频才有可能上更大的热门。几年前我在北大百年讲堂演讲的时候，分享了一个观点，"有争议的话题才能引发讨论，有讨论的选题才能促进传播"。这个观点到今天依然管用，所以我希望本书中的观点不仅仅可以用于抖音，同时也可以运用到其他的平台。

打造个人 IP 前，一定要先做好定位

为什么要做定位

定位是做短视频账号一个最重要的环节，如果这个环节没做好，你的账号将没有未来，你所有的努力都是浪费时间。

大部分没有经过专业训练的人拍摄的短视频都是漫无目的的：今天拍一拍孩子，明天拍一拍美食，后天发表一下自己的观点，或者拍一些自己觉得某个可能会火的内容，结果这样的账号往往是杂乱无章，它所提供的价值也是微乎其微的。

有些人做了定位，但只做了内容定位，没有把账号的定位做透。

我有一个朋友曾经投了几百万元做"剧情号"，一下子就做了好几个百万级别的账号，他觉得有流量就能变现，所以运营了一堆搞笑的账号或者情感类"尬剧"的账号。做了一段时间以后，他发现变现很困难，于是接了几单广告，总共收入几十万元。但是，他已经投出去了几百万元，收入远远无法覆盖成本，最后只能关掉公司，草草收场。

那么，做账号到底应该怎么定位呢？下面分享一下我的金三角定位法。

金三角定位法

首先，顶层是商业定位。

所谓商业定位，就是你得想清楚："我这个账号应该怎么去变现赚钱？我的商品应该是什么？"这是做短视频账号最开始应该明确的一点。

其次，是内容定位。

要从商业定位去倒推你的目标用户，然后厘清你的内容方向是什么？呈现形式是怎样的？

最后，是个人定位。

对于大多数抖音用户来说，短视频博主都是陌生人，用户在刷视频的时候，不会因为博主而停留，但是会为内容而停留。比如说樊登老师，很少有人知道他之前是央视的主持人，对于日活达到几亿的抖音平台来说，樊登老师就是一个讲书的陌生人，但是他的短视频内容定位很明确，并且在过程中不断调整。

最开始的时候，他讲商业案例，讲创业类的书，吸引来的大多数是创业的男性粉丝；后来让他"出圈"的是讲育儿类书籍，樊登读书因此吸引了广大"宝妈"群体成为其粉丝；除了育儿知识，他也开始讲情感类书籍，引起了大量女性群体的共鸣；之后，他又讲了成长类、学习类、思维类的书籍，把更多的年轻群体吸引过来。

所以，做短视频，你的目标要明确。

比如，你的目的是转化变现，可以根据这个目标来确定自己的定位。定位要做精、做透，从商业定位到内容定位再到个人定位，这些都跑通了之后，再开始做内容，就能做到有的放矢、精准吸粉，而不是漫无目的地乱拍一通。

在接下来的内容中，我们重点谈谈这三个定位。

商业定位：如何确定账号后期的商业模式

做一个赚钱的账号，最重要的是商业定位。

是通过广告挣钱，卖书挣钱，卖课挣钱，还是通过在抖音招加盟挣钱？这些都是可以变现的方式。当你把商业定位想清楚以后，再倒推去找流量，有了产品再去找流量，这样你找来的就是精准流量。

日入数万元的理财经理——廖恒悦

举一个商业定位的实操案例——廖恒悦。

她是我的客户，也是一名理财经理，她的短视频内容就是分享和理财有关的知识。

最开始，她预想的商业定位是通过短视频去获取高净值的用户，但没想到她很快就爆红了，粉丝量井喷式爆发，她的微信在很短的时间内添加了很多用户。

这时候矛盾就出现了，因为理财这件事，是需要和客户建立长期信任关系才能成功的，客户如果对你不信任，不可能轻易掏出几十万元、几百万元甚至上千万元让你帮他管理。高额资金的理财服务，是需要长期相处、反复沟通、一对一交付的。

她无法在短时间内同时服务这么多客户，又不放心直接分发给别人，她担心如果介绍给别人，万一赔钱，不仅会给客户造成巨大损失，同时对自己的个人品牌也会带来巨大的冲击。因此，她非常苦恼，开始反思之前"一对一帮人理财"的商业定位所存在的问题。然后，她找到了我。

听完她的阐述，我了解到她最开始的目标就是要帮更多的人理财，但是客户真的来了，却发现自己交付不了。因此，我给她的建议是对商业定位做一些调整和优化。

注意，随着实践过程中遇到各种困难和阻力，你是可以根据实际情况对自己当初定下的商业定位进行微调和优化的，而不是说一旦确定商业定位，就死守不变，不撞南墙不回头，微调是需要且必要的。

接下来，我帮她重新设计了变现的模式：如果很多客户让她理财，她肯定没有足够的时间去消化，但是如果让这些高净值用户每人拿出2000元加入她的理财社群，她只要分享自己日常整理的报表，然后再制作一套课程，教他们怎么去理财，提升他们的认知。这样，变现的门槛一下子就降低了。

当天晚上，我就敦促她做直播，当场就销售了6万元。第二天晚上，销售了23万元，现在她每天都有几万到十几万元的销售业绩。

所以，当你想要做一个短视频账号的时候，第一步就是要想好商业定位：未来这个账号应该通过什么方式变现。

数月卖房十几亿元的"地产酵母"

再分享一个我们的实操案例——"地产酵母"。

她曾经在几个月内卖了十几亿元的房子，她的粉丝总数不是全网最高的地产博主，但是她的变现效率和金额数是最大的。我给她的定位非常清晰，同时也帮她策划了很多话题，然后不断地去聊这些话题，通过短视频来转化自己的用户，或者直播间直接获客，最后卖房变现。

后来，我们在原来的基础上，对"地产酵母"的商业模式进行了升级，开始做地产IP的孵化。

怎么做呢？我们聚合全国各地的地产行业从业者来北京培训学习，一人收费5万元，一期学员几十个，而这些学员又会迅速成为她全国各地的分发渠道。

"地产酵母"在北京卖房，但是有很多外地的买房需求和咨询，她无法交付。有了分发渠道，她就可以把这些信息分发给她孵化的这些分公司，大家共享信息和资源，不让流量被浪费，这就是商业定位的一种升级。

商业定位其实很简单，总结下来就三句话：

1. 卖什么——你要卖的产品是什么；

2. 卖给谁——你的顾客是谁；

3. 怎么卖——通过什么形式来卖。

弄清楚这三个问题，你的商业定位就很清晰了。

内容定位：如何确定视频创作的内容方向

说完商业定位，接下来说说内容定位。

内容定位分为两个步骤：

第一步，确定内容方向

第一点，无论是在哪个领域，都要注意用户思维。比如我教别人做短视频、个人IP，那么我就要站在用户的角度去思考他们到底需要什么，他们关心的是什么，哪些话题是最能引发他们关注的。如果你是卖房的，就要围绕房产话题去想办法解决用户心中的问题和痛点。

第二点要注意的是，你讲的话题一定要对客户有价值。让他们看完你的视频之后觉得有用，对自己有帮助，这样他才会关注你，才有可能买单。

第三点要注意的是可持续发展。很多人选择了内容定位以后，讲了没多久就没有内容可讲了，刚点燃的热情瞬间又凉了。所以，一定要找到属于你自己的可持续输出内容的模式。比如"大LOGO吃遍中国"，他的视频主要就是探店，再比如"虎哥说车""小宇"，他们都有属于自己生产内容的固定模式，而且这些内容是可以持续生产的。

第二步，确定呈现方式

在确定了内容方向之后，接下来就要确定内容的呈现方式。内容的呈现方式一般有三种：第一是口播，第二是剧情，第三是vlog（视频博客）。

首先，对于新手小白，建议先从口播开始尝试，因为它简单、高效。当流量平台的日活见顶的时候，你一定要提高自己内容生产的效率，这是生产内容的核心。

对于普通博主来说，如果你的表现力不够强，怎么拍自己都不满意，那么可以尝试采用采访式的方法。就是你保持一个姿势坐在椅子上，让别人用采访的形式来呈现，会给人一种权威感。当别人看到你被采访的视频时，下意识就会认为你很厉害，从而信任你。

我还观察到一个很有意思的数据。樊登老师的作品中，坐着口播的点赞数远远低于他拿着话筒在讲台上演讲，虽然内容都是一样的，但效果完全不一样，这也是因为拿着话筒讲课，同样会给人一种权威感。

所以，如果你是一个新手，建议你先从口播开始，如果口播能解决你的获客问题，它一定是最高效的。

其次，可以尝试剧情，但剧情是最费力不讨好的一种形式，一般不提倡。

最后，当你口播技巧已经很熟练，想挑战一下自己。你可以尝试拍vlog，因为这样能够更加生动地体现你的人设，你也可以把更多有趣、好玩的元素加进去。

以上就是内容呈现的三种方式，不管是哪种方式，都有各自的特点，难度也不一样，最重要的是找到最适合自己的方式。但是请别忘记一点，你的内容要对目标用户有价值，而且能持续输出。

个人定位：找到适合自己的人设

金三角定位法的最后一步，叫作个人定位，或者叫人设定位。

"人设"这个词，最开始用在影视剧或者游戏的角色身上，是导演和编剧赋予人物的一种性格特征。在短视频创作领域，指的是给自己打造的IP角色设定人物特征和性格特点。

为什么要立人设

第一，如果你没有人设，IP就没有灵魂，充其量只是 talking machine（说话机器）。如果你只会念稿，就很难会有人喜欢你的内容。你必须情绪饱满地对着镜头说话，让人隔着屏幕也能感受到你的情感。

第二，没有人设就没有粉丝。因为粉丝喜欢你，就是喜欢你的人设。

如果你没有人设，大家就找不到喜欢你的理由，就相当于吃饭不给别人筷子、勺子。

第三，如果你没有人设，就很难变现。没有人设，就很难有很多人喜欢你，那么你拍短视频、写脚本的辛苦付出，就很难变现。

这里提醒一点，如果你是知识博主，一定不要把自己的账号做成一个资料号，自己不出镜，然后分享一些技巧类的内容，这种资料号变现极难；还有就是不要做成搬运号，比如我们之前签约的一个达人，粉丝20多万，但令他非常痛苦的一点是，他这20多万粉丝是靠着剪辑电影片段的视频吸引来的，平时点赞数可以达到三五千次，现在只要他真人一出镜，直接跌至一两百。

还有一个成功的案例，也是我们101名师工厂第一个破百万粉丝的账号，这个账号2018年刚开始做的时候叫"英语小情书"，账号的配音女声非常好听，英文发音非常标准，所以最初我们就把它定位成一个美文账号，但是没有出镜。

前期效果很好，曾经一条视频就涨了60万粉丝，但是后来我们才发现，想要变现并没有想象中的那样顺利，在她直播的时候粉丝并不买账，因为她的个人形象和账号并没有关联，因此她也没有构建一个粉丝都认同的人设。后来我们经历了一个非常痛苦的过程，首先把账号的名字改成了"完美英语一姐"，然后"强迫"一姐出镜，现在这个账号拥有200多万粉丝，每个月变现效果也很好。

由此可见人设的重要性。

举几个例子。

第一个是我的合伙人，名叫李石，他的抖音账号名叫"蜗牛叔叔讲绘本"。

在几百万宝妈心中，他是一个每天会给孩子读英文绘本的"好爸爸"。除了这个人设之外，他还是我们公司非常优秀的COO（首席运营官），也是一个非常棒的产品经理（他曾经做过一个社群的产品，一年销售额达到5000万元）。但他的这些角色在抖音账号里并没有体现，他刻意塑造了一个不厌其烦地给孩子讲绘本故事的专家人设。

第二个是樊登老师，他的人设就是一个讲书的专家。

除了这个角色，他还是一家年收入十几亿元的公司创始人，但是在大家眼里，他就是一个讲书的专家。

再比如"地产酵母"的人设就是房产销售，廖恒悦的人设就是理财经理，丁教授的人设是北大教授。

我自己曾经是一名英语老师，但是我很少呈现这一点。我所呈现的，是我在孵化创始人IP方面的专业知识。

以上这些例子中，职业就是他们个人定位的核心点，只需要在这个定位前面加上不同的修饰词，用来丰富人物形象，让形象更加丰满和生动。

总结来说，人设是个人定位的本质，是你想要在用户面前呈现出来的那一面，为了让用户喜欢你，让他们觉得有价值，并且愿意为你买单。

你想要成为哪种类型的博主

如果你想做一名博主，想做知识类短视频，第一步不是去做，而是去向优秀的博主学习。本节就介绍一下知识类短视频都有哪些形式以及对应的成功案例。参考这些成功的案例，再结合自己的风格，可以帮助你更快找到定位。

1. 口播类

口播，是短视频最简单的一种方式，也是入门者最容易上手的一种方式，同时也是官方统计涨粉比较快的一种方式。接下来介绍几位口播类的博主。

第一个账号代表，刘媛媛。我相信只要刷抖音的人，应该都刷到过她的视频，她从最初的卖书博主，成功升级为全品类博主，也是抖音上为数不多的单场销售额破亿的主播。刘媛媛是超级演说家的总冠军，所以她的短视频也有一个显著的特点，就是讲故事，把每一个短视频都当成一次演讲，讲不同的故事，讲打动人心的故事。她是抖音上从 0 到 1，从 1 到 10 都做得近乎完美的博主，如果你愿意向刘媛媛学习讲故事和找话题的能力，把她的短视频看完，一定会收获满满。

第二个账号代表，桂先学姐。她是一名口播博主，也是目前家庭教育赛道"变现天花板"[①]。桂先是北京大学心理学硕士，之前从事投资行业。于 2020 年年初涉足短视频领域，最初在快手平台开展与教育相关的话题。之后我建议她主做抖音平台，并改名"北大姐妹花"，她开始分享学霸的学习方法并在抖音走红，成为数百万宝妈心中的偶像，累计变现数千万元。

第三个账号代表，"申怡读书"。这个账号是我们公司孵化的最成功的

---

① "蝉妈妈"数据显示，账号"桂先学姐（北大姐妹花）家庭教育"，180 天（2022.03.06-2022.09.02）变现 3226.3 万。

IP之一，也是目前语文届的"天花板"。申怡老师是原人大附中的语文学科带头人，高考阅卷组组长。起初我们依靠采访式的口播方式帮助申怡老师起号，用"作为高考阅卷组组长，您会给什么样的作文满分？""为什么会从人大附中辞职？"等立人设的话题，让申怡老师的专家人设出圈，当然申怡老师本来的语文基本功在抖音上绝对是数一数二的，不管什么选题，到她嘴里都能滔滔不绝，"圈粉"无数。如果你是某个领域的资深专家，可以参考申怡老师的账号。

第四个账号代表，董十一。董十一老师是我们的合伙人，他的账号粉丝不多，但是变现能力极强。他原本是"樊登读书"的新媒体总监，在他的带领下，"樊登读书"的矩阵账号粉丝曾经在抖音一度高达一亿人，后来因为抖音开始治理矩阵账号，有些代理商和盗版书商做的账号就被封禁了。但樊登老师在顶峰时期，据说每刷五个视频就有一个樊登老师讲书的视频。像这样拿到过大成绩的人，在抖音的人设是非常稳的，外加上董十一老师的演讲能力和逻辑思维能力极强，在抖音被高知用户喜欢，所以董老师的课单价可以做到6000元，依然有很多人愿意买单。另外，董十一老师的每一条短视频的背景音乐都是一样的，You are，you are……这个非常洗脑，让人印象深刻！

第五个账号代表，"小蜗牛的育儿宝藏"，这个宝妈是我短视频创富圈的第一批学员，粉丝只有几万人，但每月变现却高达100多万元。她的视频拍摄非常简单，就是教宝妈们如何利用英文绘本教孩子英语，英语绘本是无限量的，所以她可以一直拍摄下去，素材取之不尽。她变现的产品是绘本套装，从短视频到直播到变现，一气呵成。因此，不是说你一定得是多牛的人才可以做抖音，只要你在某个领域有超过别人的认知，你就可以分享，有人觉得有价值就会成为你的粉丝。

2. 口播表演类

这一类型对博主的表演能力有较高要求，你得是"戏精"，精神状态和情感能量都要特别饱满。接下来介绍几个这类博主。

第一个是杨家成。他各个维度的能量值都很满：帅哥、戏精、英文说得好，还会唱歌，重点是作为一个男性博主，化妆技术还一流。作为博主，很难做到粉丝超过 500 万甚至 1000 万人，但是杨家成做到了，就是因为他一直在努力破圈。比如把英文歌曲翻译成中文唱，韩文歌曲翻译成中文唱。其实他已经不是一个纯粹的博主了，他在往娱乐博主的方向靠，就是要破圈。杨家成的破圈思维是值得我们学习的，不过这个一般是在遇到涨粉瓶颈的时候才会用到，常见的涨粉瓶颈一般会在 100 万人的时候，到了那个时候，你就要考虑怎么去破圈了。

第二个代表人物叫之昊 will。之昊 will 走的是娱乐博主的范儿，但是他英文说得多，所以也被归为知识博主。之昊 will 的演技很好，英文也不错，而且他特别擅长找大咖合作，利用资源、整合资源。比如他采访了很多好莱坞明星。后来，之昊 will 再一次升级了自己的视频内容，他的妈妈是大学英语教授，他就跟妈妈英语 rap battle（说唱比赛），而且每一次都被妈妈碾压，还记得我之前说的弱传播理论吗？之昊 will 和妈妈的说唱比赛，也利用了弱传播的理论，这个理论你一旦掌握，就会获得真正的流量密码。

3. 多人口播

多人口播指的是两个人及以上的短视频统改为"洋哥带娃"，下面介绍两个这一类型的博主。

第一个，也是涨粉最快的叫"洋哥带娃"。他通过跟儿子一起做小实验，然后教会儿子一些做人的道理，这种形式会让家长觉得耳目一新。看完他的视频之后，别的家长也可以用相同的方法给自己的孩子演示一遍。特别是老师，如果用这样的方式，学生就会更容易理解一些以前难以理解的道理。这种启发式的互动短视频，会让有孩子的家长更愿意点赞、收藏和关注，特别是想要吸引宝妈粉丝关注的博主们，一定要向"洋哥带娃"学习。当然，大家可以有自己的创新，比如姐姐带着弟弟玩，或者哥哥带着妹妹玩，爷爷带着孙子玩等都是很好的圈粉方式。

第二个叫"光头强老师"。他是辽宁抚顺的一位初中物理老师，先是带着学生做一个物理实验，然后由此发散，再给学生讲一个人生道理。把学科知识和人生道理有机结合起来，这种老师在国内是非常稀缺的，很容易被大家记住，和传统的老师相比较，大家也愿意为这样的老师点赞，所以"光头强老师"更容易上热门。另外，"光头强"也是一个大家熟知的人物，本身就自带爆款属性的元素，他把自己的光头用自嘲的形式变成了传播的优势，这也是传播学的高级玩法，即劣势变优势。

以上我们了解了"洋哥带娃"和"光头强老师"的这种形式，如果你家里有娃，或者能找到学生跟你一起配合，你也可以模仿他们这两种形式，相信也可以起到非常好的涨粉效果。

如果你想尝试多人口播的形式，一定要去看下这两位博主的短视频，其实并不难，只是准备道具可能会麻烦一点。一旦出了爆款视频，立马能够涨粉。

4. 剧情类

剧情类有三个账号一定要去看，第一个叫"51美术班"，第二个叫"胖超说艺考"，第三个叫"原原高ING"。这三个账号有一个共同的特点，就是它们的内容都是老师和学生之间的趣事，让人看完非常开心或者是感到好奇。

比如"51美术班"有一个爆款短视频，说的是一个学生拿着一张粉色的纸问老师："你今天的内裤什么颜色？"老师以为他在问纸的颜色，随口就回答"粉色"，大家哄堂大笑，一个老师窘时刻的段子获得了上千万次播放。当然这也是传播学里一个非常牛的技巧，强弱角色对调，让现实生活中的弱者取胜，形成反差。大家很喜欢看这样的东西。老师在现实中是强者，学生是弱者，但在这个视频里，老师被整蛊了，学生取得胜利，大家就会觉得很有趣。另外一个经典案例就是《猫和老鼠》，现实生活中，猫是强势群体，老鼠是弱势群体，按理说，猫应该欺负老鼠。而在这部动画片里，角色被调换，老鼠每次都赢，从而迎合了大众对权威的挑战心理，得到了大家的赞赏。如果大家对这个理论感兴趣，也可以阅读厦门大学特聘教授邹振东博士的一本书《弱传播》。

如果你去看"51美术班"和"胖超说艺考"这两个账号就会发现，他们是找了专业的团队拍摄，投入成本比较高。对于大部分新人来说，如果初期预算没有那么高，请不起团队来拍摄、剪辑、写分镜头脚本，那该怎么办？

不用担心，拍出爆款短视频的成本其实也可以很低。比如我们签约的博主"原原高ING"，他的短视频主要就是用手机拍摄自己上课时和学生的各种互动。他曾经把我2018年的一个爆款脚本重新改编了一下，结果依然爆火，获得了180万的点赞量，甚至比原作更火。所以说，即使不用高档设备，也不用专业团队，甚至不是纯原创，只要用心，每个人都可以做出吸引人的好作品。

5.vlog类

这种类型对个人的拍摄能力、镜头表现力和文案能力要求都比较高，对于刚入门的小白来说投入成本很大，我个人不建议新手拍vlog，想拍好真的太难了。这种类型也是YouTube上最受人欢迎的短视频形式，就是通过变换不同的场景进行拍摄，有点像个人的影像日记，主要以第一人称的视角去拍摄，如果拍得好，真的很圈粉。

第一个代表博主，我要推荐的是朱佳航。她的选题、文案和表现力几乎满分。我真的是被她的一个vlog视频所圈粉的，那个视频还因为她的手机被偷而上了《人民日报》、央视新闻和微博热搜。因为她在一边忘我地啃着烤鸡翅的同时手机被偷走了，而她同行的闺密拍下了小偷偷手机的瞬间。就是因为这张照片，警察抓到了这个小偷。这个视频在抖音上获得了182万个赞，佳航因为手机被偷这件事火了。后来在我的一个畅销书作家朋友李尚龙的介绍下，我"追星"成功，跟佳航成了朋友。如今由于疫情原因，佳航的视频更多的是在家录制的口播视频，但每次的选题我看完都拍案叫绝，这个妹子绝对掌握了"流量密码"，而且她的视频宣扬的都是真善美，她热爱这个世界，世界也爱她。如果你是一个没有什么背景的女孩儿，如果你也热爱记录生活，佳航应该是一个很好的学习对象。

第二个代表博主叫特别乌啦啦。这个帅气的大男孩儿凭借一己之力，拍了一个到全国各地吃美食的vlog账号，坐拥1000多万粉丝。他的每个视频都是撑脸拍摄，沉浸式体验美食，他吃的东西也都是大家日常消费水平的食物，每次吃得都特别香。奉劝各位千万不要在深夜刷到他的视频，你会真的忍不住打开美团点外卖。他还给自己取了个名字叫"辣王本王"，并且在视频里反复提及，让大家很难忘记，另外每次视频结尾"凹造型"，同样的背景音乐，他都写上"爷真美"。这些在传播学里叫作"文字钉"。你也要找到你的文字钉，在视频里反复提及，直到被所有粉丝都记住！

第三个代表博主叫蜗牛叔叔讲绘本。他是我们101名师工厂的合伙人李石老师，第一个vlog就让他涨了几万粉，记录了他给即将出生的女儿亲手搭建家里的"绘本角"的故事，类似的案例还有那种改装家的vlog，大家都可以找来看看。李石老师属于技术流派的，他的很多视频都是有一定技术门槛的，很多形式一般人模仿不了，但还是建议大家去看一看，其中有很多值得我们学习借鉴的地方，说不定你也会找到可以模仿的形式。

以上内容可以涵盖大部分的博主类型，如果你是从零开始做短视频IP，可以找到自己最合适的类型，然后根据自己的特质进行适当调整，打造有价值、有识别度的个人IP。

如何找到适合自己学习的对标博主

成为网红博主有捷径吗

真的有捷径这回事吗？如果有，那就是找对标（模仿）对象，找到你所在领域的头部网红博主，去看一下别人是怎么做的。

这么做的原因有四：

第一，向优秀的同行学习。

看一看这些优秀的同行是怎么做的，认真分析他们的爆款视频，拆解爆款的选题、素材、话术等，然后看看你能不能做，因为不是所有的类型或拍摄方式都适合你。不过在找到适合你的方式之前，你得先去看一看，向优秀的同行学习。

第二，了解用户的喜好。

要从爆款视频中了解用户的喜好，如果一个视频点赞非常多，说明这个话题大家很感兴趣，在看到点赞数很高的视频时，记着打开评论去看一看，这些爆款作品下面网友的神评论，往往会带给你意外的收获，因为网友会告诉你他们喜欢什么。那些点赞数最高的评论，可能就是你下一个作品的灵感。如果有一天你已经拍出了 50 万 + 点赞的爆款作品，那该怎么连续出爆款呢？还是需要去看私信、看评论，从中找到新的灵感，了解用户和平台的喜好，然后投其所好。

第三，搜集爆款话题和素材。

火过的话题大概还会再火，因为网友已经用点赞选出了最有可能火的话题，最好的已经选出来放到你的面前了。这些爆款素材，就是你成为网红的捷径。因此，多去看看对标账号，把那些爆红的作品素材记下来，然后吸收并转化为你的视频素材，没必要去"重新发明轮子"。

第四，他山之石可以攻玉。

在学习完同领域的优秀博主之后，当你刷到别的行业优秀博主的时候，你也要特别留意，如果你觉得对方的形式可以借鉴，也一定要记录下来。向同行学习你很难超越同行，但向不同的行业的优秀博主学习，借鉴其他行业的成功经验也许有"弯道超车"的可能。

如何找到对标账号

第一，用好搜索功能。

不管是在哪个平台，搜索你想要了解的领域关键词，结果往往是按照一个复杂的运算逻辑来综合排序的，但总体来说排名靠前的基本都是这个领域的头部博主或者作品。比如视频排在前面的一定是点赞数最多的，用户排在前面的一定是粉丝数最多的，所以利用好搜索功能，一般情况下都能找到你想找的对标账号或作品。

第二，借助第三方工具。

通过第三方工具可以实现更高效的搜索功能，不过这种第三方工具大多都是收费的，如果你的预算足够，可以考虑这种方式，能够提高你的成功率。当然如果你想做知识博主，还有一个我们内部使用的绝密方法——去学浪 App 查看排行榜。学浪 App 作为字节跳动自己家的学习平台，所有营收排行榜都是基于抖音平台销售排行榜的真实排名。通过学浪的排行榜，可以清晰明了地了解你所在领域变现好的账号有哪些，直接向最好的学习即可。

第三，看平台官方数据。

官方数据是一个最全面、最宏观、最权威的参考依据，通过这些数据你可以从整体上对某一个领域的发展情况做一个综合的判断。不过，目前短视频平台关于变现数据系统还不够成熟和完善，现在知识正在成为社会新一轮的关注焦点，所以相信在不久的将来，各大平台关于这一块的数据都会建立、健全起来。

如何利用好对标账号

第一，找到你所在领域粉丝量最高的几位博主。

比如"洋哥带娃"这个账号，他就是带着儿子做实验，然后教他一个道理。这种形式是可以复制的，你也可以教一个孩子语文、数学、英语等各种学科，然后通过做实验，把一些晦涩难懂的知识和人生道理，通过深入浅出的方式呈现出来。所以，找到你所在领域粉丝量最高的几位博主，看看他们的形式是什么样的，找出你可以学习、借鉴或者提升的。

第二，找到点赞量最高的 20 个视频。

找到这些视频，分析它能爆红的原因，然后找到你同样能做到甚至做得更好的点，然后行动起来，在实践中学习，用结果来验证对错。

第三，筛选适合自己的爆款话题。

前面已经提到过如何找到爆款素材，爆款话题也是一样，这里就不赘述了。

第四，找到适合自己的拍摄方式。

刚开始的时候，不管是经验、技术还是感觉，可能都会有所欠缺，但你要不断地去刻意练习，总能找到一个你可以而且能拍得更好的方式。前面已经讲过，想要成为百万博主，除了才华、长相这些因素，最重要的就是坚持，坚持拍摄，不断调整，静待花开。

第五，像素级的模仿，然后反复拍摄打磨。

有的人看到"像素级的模仿"，可能心里会不舒服，觉得好像是在抄袭，但你要清楚一点，任何人在进入一个新的领域时，都要经过一段时间的学习和模仿，才能慢慢成熟起来。所以，不要顾虑，只要找到最好的视频，然后向他学习，就是像素级的模仿。但是，这样的模仿是你自我提升的过程，不能把你这些模仿作品直接发表出去，现在各大平台都有原创保护功能，不要图轻松，不动脑，否则最终会搬起石头砸自己的脚。

如果你是一名英语老师，如何通过以上的方法，找到自己对标的博主呢？

首先，你需要在搜索栏里对"英语"这个关键词进行搜索，点击"用户"。在列表中挑出粉丝排名前十的博主。

这里有一个技巧，基本上所有的博主，都会把自己点赞数最多的视频或者自己最满意的视频设为置顶。

所以，你也不需要去看他的其他作品，只需要看他置顶的3个作品，把这3个作品全部下载到你手机上。反复地去看、去拆解。他讲了一个什么话题？他为什么会火？这个视频的时长是多少？这些都需要你慢慢地去做记录，把排名前十的博主，加起来共30个视频，都进行拆解、分析。

全部看完之后，你挑出1~3个，作为重点学习的对象。

比如，某个英语博主跟你的风格很像，你就可以点击进去，筛选他获得点赞量最高的3个视频来进行学习和模仿，认真地看他是怎么拍摄的。

当然，在学习的过程中，你也要不断地调整自己的风格，找到适合自己的话题和拍摄风格。

我认识一位英语博主，一开始每隔几个月要去一趟海岛拍视频。

一开始，她直接对着电脑屏幕拍视频，每天拍十几集，结果火了。

之后，她逐步地去调整自己视频的画质，去咖啡店拍，去海边拍，最后去海岛拍，越拍越美，最后成了知名的博主。

最后需要你注意一点，就是那些花了很多钱去投放广告的短视频，其实都是好内容。这是一个免费的好素材，不要看到广告就滑走了，因为你如果想从事这个行业，就不仅仅去当一个看客，生活处处是学问，广告就是你的学习材料。因为这些广告都是用真金白银证明是真实有效的，都是通过投资回报率（ROI）来计算并转化出来的。

广告商会同时拍摄很多短视频，同时投放，然后看哪个短视频的广告转化率高，他们就会花钱投。当你在刷抖音、快手的时候，反复看到的视频一定是转化率极高的，所以碰到这样的视频，赶紧把它下载下来，认真学习，反复研究。

第二章

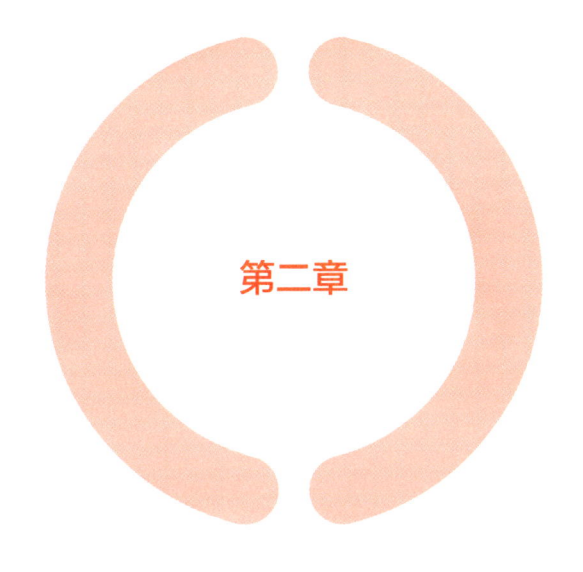

打造人设：
如何让观众第一时间关注你

人设是可以设计出来的

在讲如何打造人设之前，先来聊聊什么是"人设崩塌"。

我们经常听到的"某某某人设崩塌"，比如之前有一个学霸人设的明星，突然有一天被大家发现他的学历是造假的，因此学霸人设崩塌。还有一些明星一直塑造的是好丈夫、好爸爸的形象，结果有一天被爆出轨，人设崩塌。

换个角度想想，人设崩塌的前提是要有一个社会大众广泛接受的人设，而这些人设是怎么形成的呢？其实就是通过各种信息传播渠道刻意设计塑造出来的，针对这个个体的信息整合，最终得出的一个关于他最核心、最重要和最有价值的"形象标签"。其中就存在人为操控的空间，而事实情况也正是如此，很多明星的所谓人设都是被经纪公司塑造出来的。社会大众看到的，就是背后团队想要让他们看到的那一面，都是提前安排好的。

网红博主也是如此。

比如，如果你想成为一名网红博主，需要思考如何给自己设计一个合适的人设，这是成功的关键。

如果你想要给自己设定一个人设，例如你想成为一个知识博主。所谓"师者，所以传道受业解惑也"。知识博主应该是分享知识和技能的，要让你的受众感知到你教了他新的知识或者理念。但是如果你只是一名普通的老师，到了这个整体偏娱乐化的短视频平台上来，很快就会被漫天的娱乐信息淹没，那么怎么去丰富这个角色呢？

老师是一个统称，只有在前面加上一些形容词或定语的时候，你才有可能被人记住，也就有了人设，比如美女老师、逗比老师等。

找到自己人设之前，可以先问自己三个问题

第一，我能做什么（what can I do）

我能做什么？我能分享什么？我擅长什么？把答案找出来，也可以把平时的一些随想或灵感记录下来。然后找出你会别人不会的或者你比别人更优秀的地方，把它们一一罗列出来。

第二，我喜欢这件事吗（do I like it）

你喜不喜欢这件事情？冰冻三尺非一日之寒，想要树立自己的人设，并不是一两天就能完成的，最重要的一点就是坚持，而真正的兴趣才是持之以恒的关键。如果你不喜欢这件事，只是一时兴起或者急功近利，不如趁早放弃。只有真正地找到自己喜欢的事，这个IP才有可能持续，毕竟我们要做抓住平台红利，跨越时间周期的IP，这需要我们持续不断地热情和坚持。

第三，我有什么与众不同的地方（how can I be different）

与众不同，就是你建立人设的方向，但这也是最难的。同样讲育儿，怎么能让别人更喜欢我？这就需要你在制作短视频的过程中，不断摸索、不断试错，才有可能找到。还有一种可能，是在粉丝的反馈当中找到的，粉丝的留言、评论或者私信，可能会给你开启一扇窗，从最真实的受众反馈中找到自己最独特的地方，这往往是最直接有效的方法。

除了借助以上三个问题，想找到自己的人设，还可以从三个方面入手：

第一，关键词

就是当别人想到你的时候，脑海里不由自主出现的一个词。比如说樊登，一提到这个名字，很多人会想到"读书会"。再比如说提到《奇葩说》的艾力，很多人脑海里会蹦出两个词，一个是直男，一个是正能量。

第二，做自己

对于网红博主来说，想要打造个人IP，是一个非常漫长的过程。如果你不做自己，时间久了可能会抑郁。就像很多明星压力很大，就是因为他的人设根本就不是他自己，他展现出来的是经纪公司想让他展现出来的人设。对于网红博主来说，能给用户提供价值才是最重要的，同时找到自己让大家喜欢的点。

比如说"澳洲老油条"，很多女生很喜欢他说英文的声音，喜欢他用英文讲温暖人心的小故事。他每次拿着笔记本给大家念英文故事的形式就可以一直保持，每次拍摄只需要念不同的故事就行，还不用背台词。所以你要找到自己身上最容易被别人喜欢且是让你舒服的那个点，并且去放大，长期坚持，构建和维护这个人设，随着时间的推移，你就会看到效果。

第三，定变现

就是以未来IP变现为目标，然后来倒推。比如说你的目标就是未来靠卖课赚钱，那你的人设就是老师，那你分享的内容就得围绕你变现的产品去设计。如果你未来想推荐产品，你可以去做一些测评的视频，比如某个玩具体验怎么样，或者用了某个产品感觉怎么样。总之，确定变现产品后去倒推目标用户，再去倒推目标用户痛点，从而拍摄针对目标客户的内容，这样不容易走弯路。

人设是"演"出来的吗

说到这里，你可能会问：人设，就是靠演出来的吗？那岂不是骗人？

当然不是，人设并不是虚伪地表演出来的。

我们每个人都有多面性，人设就是突出、强化你自己的某一面，但其本质还是"做自己"，做自己最擅长的事。如果你的人设是虚假的，纯粹通过包装塑造的，终有一天你也会切实体会到人设崩塌的打击和痛苦，你之前所有得到的将瞬间灰飞烟灭。

所以，万变不离其宗，不管你的个人定位怎么去定，始终记住一点，就是真诚。真诚地塑造属于你自己的人设，坚持这么做，一直走下去，才会遇到和你真正志同道合的人，"吾道不孤"，才能真正助你到达成功的彼岸。

在下一节，我将具体介绍打造人设的方法。

手把手教你给自己打造人设

我们已经了解了金三角定位法，这是我们进行账号定位的一个指导模型。

如果你还是不知道如何给自己的账号去定位，我再分享一个实操的方法——三步，简单地找到你的定位。

第一步，拿出一张纸。

这张纸是一张白纸也好，笔记本上撕下来的纸也好，都可以。再准备一支笔,开始写。

  问自己:"我可以火的十大理由是什么?"

  比如说:"我长得好看,我长得有特点。"

  "我有趣,我幽默。"

  "我的学历高,是北大毕业的。"

  "我演讲能力强,表达有感染力。"

  "我有十年的……"

  ……

  你要一一罗列出来。一般来说,写十点就够了,你也可以多写。有些人说"写三点就写不下去了"。那说明你不适合拍抖音视频。你一定要写出更多的优点,然后从这当中挑出十条你能火的理由,这是你自己眼中的自己。另外你需要邀请你的家人、朋友、同事罗列你的优点和特点,一定要是不同的人,这是别人眼中的你。统计完之后,再把这些进行组合,你的定位基本上就出来了。

  例如:你的身份是老师。

  自己眼中的自己:北大毕业,心理学硕士,高颜值……

  别人眼中的自己:美女,学霸……

  你的人设:美女学霸老师。

  再例如:你的身份是理财经理。

  自己眼中的自己:知名投行工作,20年经验,靠谱,暖男……

  别人眼中的自己:懂投资,金融男,经验丰富……

  你的人设:经验丰富的靠谱投资理财顾问。

  通过以上两个例子,你会发现,人设其实是基于你本身的业务和身份,在你的身份前加上一两个形容词,就有了你的人设。

第二步，你要去想，你的目标用户是谁？

你又写下来："我的目标用户是谁谁谁，他们的用户画像是什么样的。"

第三步，罗列你目标用户的 50 个痛点。

比如，罗列宝妈的 50 个痛点。

为什么是 50 个呢？50 这个数字是个虚数，就是尽量多地去挖掘目标用户的痛点，只有你足够了解用户，才有可能拍出用户最感兴趣的内容来，这样的短视频吸引来的才会是精准用户。粉丝精准度比粉丝数重要太多了，粉丝不精准，所有的流量都没有意义，毕竟我们做短视频的核心目的就是变现。

例如：网红校长

目标用户：想要做个人 IP 的行业专家和老板

用户痛点：

1. 懂专业知识但不懂流量玩法。

2. 获客成本越来越高。

3. 不知道拍什么能火。

对应选题：

1. 为什么专家在抖音上很难火起来？行业专家起号的方法论！

2. 在抖音零成本获客的 8 种方法，有老板学会后每年省百万元成本！

3. 赚钱的大网红都在用这 5 个方法做选题，看到就是赚到！

也许你会觉得这些看似"炸裂"的标题不够高级，但它们都非常精准地戳中了用户的需求点。这些标题的逻辑，其实就是利用目标客户的痛点，给出相应的爆款选题的方法。你会发现，这样的选题吸引来的用户全都是你的目标用户，精准度极高，后期变现效率也会提高。

你才是最了解你自己的人

如何设计你的人设也好，如何精准地找到定位也好，方法再多，归根结底还是要你自己去思考，在实践中去调整。人设是别人看到的你的样子，也就是别人眼中的你，这个你需要去找到一个平衡点，这个人设你很自洽，粉丝也喜欢。你才是最了解自己的人，遵从你自己的内心，去做一个你自己喜欢的个人IP。

总之，虽然人设可以适当包装，但本质上还是在做自己，人也不可能当一辈子演员，你做自己不喜欢做的事，或者那个人设本来就不是你，你自己伪装久了也会崩溃。

如何强化你的人设

找到自己最真实、最能体现自己魅力的人设之后，还需要进行加强。

第一，形象

抖音、快手等短视频平台其本质都是娱乐平台，不可否认的是当下娱乐的主流还是"看脸"，形象是个人IP最重要的东西。因此，你的形象气质对于自己在短视频平台上的传播影响还是比较大的，如果你好看，就尽量把自己好看的一面展现出来；如果你外形上没有那么大的优势，也没关系，首先你要保持干净整洁，然后把自己专业的一面展示出来。我们在做创始人 IP 孵化的时候，每位创始人都需要提前化妆，严格按照录制电视节目的标准来要求我们孵化的 IP。请记住一句话，<u>在短视频平台上，你看起来像谁，你就是谁</u>。

如果你想让粉丝了解你、关注你，首先你的形象需要能吸引他们为你停留，这就是第一印象的重要性。你不能说，我很有内涵，用户刷到你的视频的时候，大概也就看看你的外在形象，在对你的形象认可后，才会耐心地看完你的视频，所以千万不要忽略这一点。我举个例子，群响的 CEO 刘思毅，北京大学新闻系毕业，公司年入 5000 万元的老板，在现实生活中是非常优秀的创业者。

但他刚开始做抖音的时候，吃瓜群众对他的评价就是"北大青鸟毕业的吧？""赶紧回电子厂里拧螺丝""一看就没吃过四个菜"。

为什么会出现这样的评价呢？因为他在视频里展示出来的形象跟大众想象的北大毕业的创业者形象不符。他穿着时尚，染着粉色头发，表情和说话语气夸张，大众不觉得他是北大毕业的，也不觉得他的公司能年入 5000 万元。后来我建议他穿西服，不要染发，说话慢一点，注意一下自己的形象，那些恶评就少多了。

第二，场景

场景塑造得好，会起到锦上添花的作用，强化你的人设。外貌形象是天生的，但场景是每个人都可以随意改变的，在这件事上你完全可以发挥自己的主观能动性，就是拍摄场景要符合你的身份。

例如：你是企业家，你的场景就应该是一个高端大气的办公室或者会议室；你是专家教授，就应该在一些更学术的场景下拍摄；你是设计师，背景就应该更有设计感，等等。让我在抖音上出圈的就是"爱马仕橙"的椅子，我孵化的不少博主，比如地产酵母、廖恒悦、黄有璨等，都是在我的办公室统一拍摄的，那个场景看起来就很高端。后来，我的办公室还因此上了热搜，成了"亿万富翁共享办公室"。最后，全网的创始人IP孵化都开始模仿我们采访的形式，并且网上还出现了"网红校长同款"椅子。

第三，内容

对于个人IP来说，你不断输出有价值的内容，就是在一遍又一遍加强你人设的过程。如果你的内容能让别人一提到一个品类，就能想到你，你的人设就塑造成功了。例如提到相声就能想到郭德纲；提到读书，大家就能想到樊登读书；提到跨年演讲，就能想到罗振宇，等等。这些都是靠内容长期积累从而强化了自己的人设。

第四，记忆点

打造人设一定要努力找出你身上的记忆点，找到你与众不同的地方。比如美食博主白冰，他的视觉锤就是夸张的食材和他的那台亮眼的红色兰博基尼，每次视频开头都是他抱着一个夸张的食物在大口撕咬，用视觉冲击吸引观众看下去，看着特别过瘾。

例如：他在咬一只超级大的澳洲龙虾，然后接着说："大家好，我是白冰，今天我要去吃什么！"之后按一下兰博基尼的锁车键，"哔哔"！

只要听到"哔哔"，大家就知道是白冰。蔡康永肩上的小鸟，金枪大叔一头银色的长发，网红校长的"爱马仕橙"的椅子等，都是很好的视觉锤案例。所以想要让别人记住你，首先要找到你的视觉锤。除此之外，还需要确定我们前面提到的文字钉,例如李佳琦的"OMG!① Amazing! 买它!买它!买它!";刘冠奇老师的"点赞,优秀,么么哒",都是很好的记忆点。

注册账号时,一定要注意的三点

当你决定要做一名短视频博主,并且已经初步考虑了人设的打造时,就要开始注册账号了。

你在注册账号的时候,有几点一定要注意。

第一,一定要用手机号注册。有些人发现,我好像可以用微信注册,我想用 QQ 注册,都不行。这样很容易被盗号,你一定要用手机号注册,这样平台才会觉得你是一个有"户口"的账号,是一个有价值的账号,是一个真人账号。

第二,如果你之前已经有一个账号,但那时候你只是随便玩玩,我建议你注册一个新的账号。

我向字节跳动和快手平台的朋友都了解过,他们会对新的账号有更多的流量扶持和倾斜。你想一想,平台需要新的用户,如果你平时的那个账号只是用来发发日常,平台就不会觉得你是一个有价值的用户。你的视频都是胡乱拍的,平台的算法就会认定:你这个账号是低质量的,缺乏有价

---

① OMG 为 Oh my god 的缩写,整句是李佳琦直播间常用的话术,意为我的天哪,太神奇了。

值的内容。

第三，在注册账号这个环节，很多专家、老师都强调要先把身份证进行绑定，因为这是官方的"正确答案"。但是我们在实际操作过程中发现，很多时候你并不是用一个账号来运营所有的平台，而是需要不断地尝试和调整才能慢慢摸索出适合自己的方式。你把身份证绑定后，会出现一个问题：当你想换号的时候，很难把之前的身份证进行解绑，然后再绑定新的账号。

所以，我现在给你的建议是，在前期测试流量的阶段，不要急着把自己的身份证第一时间进行绑定。等你确定自己的主账号之后，再把身份证绑定。

如果你以前绑定了身份证怎么办？这里有一个方式，你可以把原来那个账号申请注销，再绑定到新的账号就可以了。

账号注册好之后，你就要开始进行前期的包装啦。好的包装，可以最大限度突出你的独特性和价值感，帮助你精准地吸引更多的用户第一时间关注你。

关于如何包装自己，我们会在下一节重点讲述。

如何包装自己，让人点进来就关注

想要做好短视频，一定要做到四点：选人、选题、包装、表现力。在这一节，我跟你分享的是如何包装自己，更容易圈粉。

如果你穿着休闲装拍视频，会给人一种亲近感；如果换了一身西服套装，就会显得专业、严谨，这就是包装的效果。当然，不仅仅是外在形象的包装，还要想办法包装好账号，从而丰富和丰满你的人设。

那么应该怎么包装账号呢？

包装的第一步，就是要给你的账号取一个好的名字！好的名字是一个IP能否成功的关键。我曾经听过一个清华经济学教授的课程，他说一家公司能不能成，往往从取名字那一刻就决定了，他当时举了一个很有趣的案例，说你们看"小黄车"，最后是不是黄了？大家哄堂大笑，教授也许是开玩笑这么说的，但给你自己的账号取名字真的太重要了，一定要慎重。

对于短视频博主来说，取名字是非常关键的一步，要契合自己的人设。因此，我们在取名时，一定要简单直接地凸显你的特色和价值感，不要取一些让人觉得云里雾里的名字。

比如我现在的账号名称叫"网红校长"，但是在最开始的时候是叫"网红厂长"，当时我们公司的名字叫 101 名师工厂，所以我给自己取名"厂长"。但是我们服务的更多是和知识相关的产业，"厂长"和我的人设不太搭，后来改名为"网红校长"，我的人设一下就立住了。

关于取名，有一个误区一定要规避，就是很多人喜欢给自己取一个天花乱坠的名字。千万不要！在短视频平台，名字越简单、越直接，效果越好。做得很好的、商业价值非常高的账号，名字都非常简单好记，比如"樊登读书""凯叔讲故事""英语雪梨老师"等。当别人看到你的名字时，他就知道你是做什么的，而你通过名字告诉他为什么要关注你，这就是包装。

再比如"大白外教英语"，这个名字中有哪些关键词呢？

第一，他的名字叫大白。第二，他是一个外教。第三，他教的是英语。所以，大白外教英语，他既可以成为一个品牌名字，也可以成为一个账号的名字。

但是，他不能是"二狗子聊英语"，大白以前的账号名就叫"二狗子"，在合作的时候，我给他换了个名字，就是现在的"大白外教英语"。你说，一个外教叫二狗子，他像老师吗？你肯定会觉得他是搞笑博主。所以，对于名字的包装，就体现了账号的价值感。如果想要靠知识变现，你就得体现你的专业度。

主页包装

如何包装你的主页，让别人看到你的主页就想关注你？

关于这一点，你要记住三个字——价值感。

别人看到你的主页，第一印象就会决定他想不想关注你。要么你好看，要么你有趣，要么你有用，他才会有兴趣关注你。对于想要打造个人IP的人来说，肯定还是希望自己对别人有用有价值，所以在主页就要凸显出你的价值。

主页上自我介绍的那几句话，能不能把你介绍清楚，能不能体现你的价值，能不能提升你的主页转粉率，这个很关键。但是这一步很多人往往会忽略，注意力只放在了拍短视频上，其实每一个细节都能够提升用户对你的好感度，如果你能在每一个细节上做得都比别人好，那么在整体上你就能超过其他人。把你最牛的经历写上去，这对很多博主不是一个很容易的事情，因为他们比较害羞，觉得这有点"王婆卖瓜"的意思了。千万不要这么想！你就是要让观众觉得你是个牛人，是个专家，是某个领域非常厉害的人，由此来树立你的权威性。只有这样，对你这个领域有兴趣的人大概率才会关注你，因为你是权威，不找你找谁呢？

例如这样的主页简介：

网红校长

101名师工厂创始人

众多知识博主幕后老板

旗下知识博主变现过亿

孵化账号代表：北大丁教授、申怡读书、大白外教英语……

主页简介就是一个"秀肌肉"的过程，大家一定要把自己的实力展示出来，三句话让用户快速认识你。我是谁？我是干什么的？我能提供什么价值？一般围绕这三个方面来写自己主页的简介即可。

再比如"廖恒悦"的账号，她的个人简介做得就非常好，只有三句话："十年从没让客户亏过钱，你身边最会管钱的朋友，关注我带你成为金钱的主人。"这三句话瞬间就让她的人设丰满起来，别人对她的了解就会更加精准、深入。

如果你的学历背景好，工作经历好，一定要写进个人简介。注意语言精练，用最短的话介绍最牛的自己，让你的价值最大化，从而让人想要持续关注你和你的作品。

不过，介绍内容最好不要超过四条。有的人介绍自己写个十几行，粉丝根本就看不过来。其实大家最多也就是看关键信息，比如说北京大学、伦敦大学某学院、某某企业 CEO、某某公司创始人等。

个人形象包装

个人形象就是你在视频中呈现出来的整个感觉，在短视频这样一个信息爆炸的平台上，人们都没有太多的耐心。很多网红为了吸引更多人的注意力，都喜欢在豪宅、豪车里拍视频博眼球，这就是个人形象的包装。

当你确定自己的人设之后，你的衣着以及整个视频的背景，都是包装当中非常重要的环节。比如我们服务的客户，他们对自己的个人形象都非常重视，每次拍视频的时候，都会带自己的化妆师和足够多的衣服，让我来确定最符合他人设的服装搭配。

还有一个大家经常会忽略的点，就是个人主页的顶图，顶图的位置其实是最显眼的，显示区域也是最大的，但很多人往往会忽略它或者不知道如何利用它。其实很简单，配一张漂亮的底图，然后上面写上"关注我……"，记住字要大、要醒目，这个也是给用户获得感的一个渠道，不要浪费。

此外，顶图一定要精心挑选和设计。这一点，很多人都不重视，但这刚好是展示你形象的最佳窗口之一。如果你是老师、讲师，有拿着话筒在讲课的照片，这就特别能够体现你的价值感。如果没有，那你就用高清的、体现职业感和专业性的形象照。

账号主页的禁忌

第一：不要在主页的个人介绍里留其他的信息，包括微信、微博、小红书等。你想一想，这些平台之间某种程度上会有排斥，写其他平台的账号，肯定有一定的负面影响。而且，你的账号都没有多少粉丝，你写自己的账号有什么意义呢？你的粉丝还不到几十万，你写个"加v"有什么意义呢？

所以在前期，一定不要有任何导流的信息。

第二：你所拍摄的视频封面的风格尽量一致，大家点进主页一看，发现比较整齐，说明你是在认真拍摄短视频。你不能今天拍这个风格，明天拍那个风格，封面看起来乱七八糟的，别人会认为价值感不强。

做到封面统一，用户在点进你的主页时，就会觉得你真的很认真、严肃地在干这件事情，那么输出的知识多半是有用的。

总之，好的主页能够让粉丝一点进来就忍不住要关注。我们也要尽量营造一种"你不关注我就错过了"的价值感，这样才能高效地涨粉。

控制欲望

想要打造有价值感的人设，还有一点要注意，就是控制欲望。

很多人看到什么火就想拍什么，这就是一个典型的错误想法。你要找和自己相关的，而且是自己擅长的，如果和自己八竿子打不着，就会显得不真诚，甚至莫名其妙，这样的效果适得其反。

所以，要控制自己的欲望，学会放弃，不要盲目跟风。我经常强调的一个观点叫"专家人设 + 出圈话题"就是爆款的秘诀，但是这个出圈话题一定要和你的人设相匹配。比如你是一位律师，那么你所讲述的内容一定要和自己的专业知识相关，很多优秀的律师博主都很会蹭热度，但是他们在视频的最后都会拉回到自己的专业领域，体现自己的价值。

最后，是我一直强调的，你的人设并不是伪装的，而是为了展示出你最具有价值感的一面。每一个博主，都要尽量表现出自己的真实和真诚，这是做短视频的基础。

如果你觉得，平时通过包装的人设，无法展现出你多样化的形象，我建议你可以利用直播和粉丝互动。直播的即时互动性，会让人觉得你更加丰富和真实，当你在直播过程中和粉丝互动或者与其他博主连麦的时候，粉丝会感受到真实的你，在这种状态下真正喜欢和关注你的粉丝，才会陪你走得更长久。

案例拆解 1：理财规划师如何成为财经大 V

廖恒悦是我 298000 元的创始人 IP 孵化项目的学员，也是我收的第一个"298000"的学员。其实有很多人不能理解，怎么会有人花 30 万元来学习如何拍摄短视频？我跟你说，她在认识我之前，自己已经花费了十多万元做了 400 个粉丝。

为什么廖恒悦这个账号在我加入运营之后，起量会很快呢？

在我看来，所有想要做短视频，想要打造个人 IP，或者想要通过短视频变现的人，首先要记住一个原则：

选人是很关键的，某个人能不能火，要有一个最基本的判断。

我们在做个人 IP 的时候，也需要去衡量一下，问问自己："我有没有出众的地方？"你要觉得"我什么都不会，我就是一个普普通通的人，我没有任何过人之处"，那真的很难做起来，短视频是最难的自媒体形式之一。以前图文时代，你还可以靠着写公众号文章火起来。但短视频 IP 不仅要求你的文案能力一流，还要求你的形象、表现力和演讲能力样样突出，对于一个素人小白来说，要达到这些要求，真的是太难了。另外，短视频做起来后，还要求你要有直播能力，直播能力差的人，也很难在短视频平台赚到大钱。

廖恒悦的形象不错，而且她在与这些高净值用户的人长期接触当中，性格也变得很随和，举手投足都有一种令人如沐春风的感觉。当她坐在摄像机面前的时候，你会觉得她有亲切感，有信任度。

她做了十年的理财，有一个口号："十年从没让用户亏过钱。"这一句话，就能让那些想要理财的人愿意找她。这句话也非常取巧，对于专业的理财人员来说，这句话其实是废话，因为理财不让客户亏钱真的是最低要求。但对于我们普通用户来说，这句话真的非常圈粉。

所以，经过判断，我觉得她是一个具有能火潜质的人，有十年的专业经验，而且形象和气质都不错，给人一种信任感。另外，对于一个IP能不能火起来，我基本上一对一聊半小时就大致能判断出来，而且我可以第一时间找到对方身上能火的点，很多人都很好奇我是怎么做到的。我自己也说不清楚，我把这种我自己也无法说清楚的能力归为天赋。

在做完定位之后，接下来的任务就是选题。

在选题方面我就更有天赋了，做出过很多超千万播放量的选题，目前播放量最高的一个视频是我为"大白外教英语"写的一个选题和脚本，在视频号上超过了2亿次播放，近千万点赞，那个视频应该是视频号播放量排名前二十的作品。

廖恒悦是我跨领域操作的第一个账号，因为在她之前，我操作的所有账号都是教育领域的，但后来我陆陆续续又操作了很多别的领域，包括地产、珠宝、高端定制等，发现教育行业IP想要大火是最难操作的，因为学习真的是反人性的。

记得第一次拍摄，我把做好的选题发给她的时候，她觉得莫名其妙，她说："这些怎么可能火？"后来事实证明，这些选题真的让她火了。

她那个时候还在深圳，在飞过来拍摄之前，她每天会催我说："校长，这个选题什么时候发给我？我得提前准备。"

我在拍摄的前一天才发给她。

为什么？如果她真的非常认真地去准备了，就不会有那么自然的效果了。我要的是真情流露，不要套路，要真诚地表达，要她进入一种"心流"状态。

你讲的东西，你得真的相信它是对的，它是对别人有帮助的，这样的东西才能打动人心，这样的东西才能让别人对你产生信任感，才会关注你。

此外，还要注意外形的包装。

我要求廖恒悦带 10 套衣服，因为我们每一次拍摄，即两个小时之内就会产出 30 条作品，必须换服装造型。我让她带 10 套衣服，但是最终只让她选择 5 套。

为什么要让她带 10 套衣服？因为女人很奇怪，她在家里选择衣服的时候，这 10 套衣服一定是她最喜欢，自己觉得最满意的。但等她带着这 10 套衣服来到北京挂在我们的更衣间里的时候，她会给这些衣服排顺序，从一到五这是她比较满意的，可能从第六套开始，她就没有那么满意了。我会让她挑选她最满意的衣服。女人只有在穿上自己喜欢的衣服的时候，才最容易进入"心流"状态，在这种状态下，她在镜头前也会更加自信，表达也会更流畅。在这一点上，男人也一样。我们在拍摄男博主的时候还会有一点小心机，会选择让一位美女助理在旁边坐着听，因为男人在美女面前吹牛的时候，他的状态会更好一些，他说完，我们还会给他鼓掌。

最后就是场景。我们在当时的背景中突出了橙色，高净值用户一看就知道这是什么颜色，这个颜色叫"爱马仕橙"。

作为一个理财博主，你的视频看起来都不贵，我怎么能信任你，怎么能让你理财？

如果你也看过廖恒悦之前的视频，你会觉得她是从最开始的"丑小鸭"突然摇身一变，成了公主。这就叫高级感，这就叫质感。

廖恒悦有一件衣服是黄色的，是用一种特殊的桑蚕丝做的，这个丝是给英国女王专门定制衣服的材料，而且这种材料极其少有。

她为什么要带这样的衣服来呢？我根本看不出来那件衣服的品质，但是懂的人一眼就看出来了，这就是质感。

所以选人、选题、演绎、包装都是很重要的，如果你做到这四点，你也一定能够火起来。

把自己好好地装扮一下。如果你把最漂亮的衣服、最好的状态、最舒服的说话方式，都放在你的短视频当中，你一定能拍出自己满意的短视频。我们每一个环节都比别人多做0.01，个人IP成功的概率也就会更大。

案例拆解2：抖音涨粉百万，变现十几亿的"地产酵母"

2021年，"地产酵母"的抖音运营了5个月，便有了超过100万人的粉丝。她开始通过抖音平台卖房子，销售额达十几亿元，接开发商广告接到手软，成了全抖音的"变现天花板"。她的出现，在某种程度上甚至可以说改变了传统地产行业的销售模式，现在，全网有无数地产人在模仿"酵母"模式。她已经从北京地区房产销售公司发展为一家集卖房、培训和孵化于一体的新媒体地产公司。全国各地都有了她的分支机构和地产合伙人，这一切都源于一年前她在抖音上看的一场直播。

2021，孟玥臻还是一名传统房产销售公司安居好房的老板。她曾担任国内知名地产公司营销总监，从业15年，多年的营销工作让她对新渠道有着极强的敏锐度。在传统渠道获客难，获客成本逐年上涨的情况下，她必须带着公司的小伙伴走上一条全新的低成本获客之路，抖音是最火的平台，于是她开始了抖音拜师之旅，决定在抖音上找一位靠谱的老师深度学习。她刷到了我的视频，于是进到了我的直播间，成了我短视频导师班的第一位报名学员。

据她回忆,那天早上她正好刷到我的直播间,看我长得眉清目秀,觉得应该是个好人。那天我在直播间里正在讲述我是如何帮助孵化的各个知识博主涨粉百万的方法论,同时告诉直播间的小伙伴抖音日活已经5亿了,任何行业都可以在抖音上重新做一遍。她就是被我这句话打动,觉得网红老师都可以年入数千万元,地产博主肯定也可以。我当时在直播间里说准备开一个短视频IP导师班,定价298000元,我给大家讲三天课,给大家讲授如何快速地利用抖音打造个人IP,实现变现闭环。她听完就报名了,我的产品当时都还没上架,还是通过加微信直接转账给我的,真是个爱学习的好宝宝。后来那个班里还有廖恒悦和私域肖厂长等博主,如今都已经成为各细分赛道的头部博主了。

三天课上完之后,她越发觉得自己要全力做抖音,立志成为抖音第一地产博主,并认定我就是能带她"起飞"的自媒体老师。于是在得知我收了廖恒悦298000元给她孵化IP之后,当天就给我们公司转了298000元,也不知道能做成啥样,没有任何承诺,一个敢收,一个敢交,就这样她开启了抖音地产博主的创业之路。已经一年过去了,看似冲动的选择给她带来了丰厚的回报。后来一起吃饭我问她为什么敢交钱,她说就当跟我交个朋友也值,我随便介绍几个朋友找她买房,她卖一套房就赚回来了。我不禁感叹,能把事业干大的女人格局果然不一般。她是在廖恒悦拍完视频一个月后才来找我拍视频的,恒悦很快就涨到了10万粉丝。第一次拍摄,她去SKP买了好几件新衣服,还特意带来了造型师,她也是第一个带造型师来我们公司拍视频的博主,据说那个造型师平时都是给明星化妆的。自那以后,每个"298000"的客户都会带着造型师来拍视频,女人们内卷起来真的严重。但正是因为我们彼此都非常认真地对待,才有了第一个视频就800万播放量的结果。

发完第一个视频,她就火了。播放量10万、50万、100万、500万、

800万……火得有点措手不及。因为在遇到我之前，她已经拍了很多视频，但很少有视频破万播放。她一度怀疑是我花钱给她买了流量，或者她的抖音出问题了。发微信说"校长你说，是不是给我花钱了"，我说"我没有"。她还去问了我的合伙人刘冠奇，问我是不是给她花钱了，刘冠奇说："小孟，5000次播放就得花100元，800万次播放校长得花16万元给你买抖音，校长那么抠门儿怎么可能给你买，哈哈。"

后来"298000"在抖音火了之后，网上也有很多网友发视频讨论，说校长到底花多少钱给这些"298000"的博主买DOU+。有些说得有模有样，说我给每个人花十几万元买DOU+，我都觉得他分析得很有道理，每当这个时候，我就会给讨论"298000"的博主偷偷买个500的DOU+，让更多人知道我们的创始人IP业务，我也是第一个在抖音给夸我和黑我的博主都买DOU+的人。但事实就是，我给每个博主买DOU+的钱都不超过5000元，主要靠选题和内容，当然有些博主会给自己买推广，但都没有夸张到十几万元那样的买。

我在选题方面有着一些莫名其妙的天赋，我知道什么博主聊什么话题能火，我知道他们怎么回答问题且以什么样的姿态回答问题会火得更快，甚至我能预测有些视频发出去后，网友会以什么样的方式在评论区争论，从而使得这个视频被推荐给更多人。再后来，"地产酵母"的每个视频打底都百万播放量，还出了几个千万级别的视频，她也就开始接受自己火了。

有了流量之后，最重要的事情就是把这些流量变成客户，第一时间转化变现。"地产酵母"有现成的销售团队，私信和直播倒流来的客户可以直接带着看房成交。第一个月开始卖房变现，她开始忙得不可开交，给我说一个月内在全国开了十家分公司，五一劳动节，她连续直播了三天，利用直播间小风车倒流，卖了一个亿的房子，几个月下来一共卖了十几亿元，其中有一套价值一个亿的四合院，就是因为我们拍了一条关于"有钱人为啥买四合院"的视频引来的咨询。抖音一切皆可卖。

后来，我们基本上只有每次拍视频才会见面，双方都变得非常忙碌，她忙着直播卖房，我忙着孵化更多行业的专家 IP。有一天她跟我说她要开始孵化地产博主，每个学员收费 49800 元，一共 7 天，她邀请我去给她的学员们讲课。看着来自全国各地的地产精英们站在讲台上神采奕奕地做自我介绍的时候，我内心的自豪感油然而生，打心眼里为她感到骄傲，这种骄傲是老师看着学员越来越好的骄傲，这也许就是做老师的专属幸福感吧。

2021 年，"地产酵母"成了地产行业的标杆，她改变了地产行业卖房的销售模式，推动了地产行业改革的步伐，期待她能培养出更多"地产酵母"，赋能成千上万的地产人。她美丽善良，极度努力，有一种为了目标死磕的精神，想起我第一次给她们上课，PPT 的最后一页写着："我们要努力成为一道光，点亮自己，也照亮他人。"

如今，她已然成了地产人心中的那道光，期待她照亮更多的地产人。

Part

02

爆款策略：
如何拍出热门短视频

第三章

做好前期准备，才能拍出爆款

做短视频 IP 前，先沉住气

做个人 IP，这是一场长跑

先来思考一个问题：你做短视频的目的是什么？如果你把这个问题想清楚了，基本上后面的事情都是水到渠成，不会再纠结、拧巴。

有些人做短视频不是为了打造个人 IP，就是利用短视频带货，做矩阵号，这无可厚非。但是，如果你决定要打造个人 IP，把自己的个人品牌经营下去，那这就是一场长跑。它对你的要求是要真正地热爱内容，热爱你表达的东西，热爱你所在的行业。只有这样，你才能一直做下去。

我曾经为一个英语节目做了四年，周一到周五每日更新，音频加视频一共录制了将近 1000 期。如果我单纯只是为了通过这个节目去赚钱，我坚持不了那么久。我是真正喜欢做内容这件事，也非常享受打开麦克风（学名传声器）讲话的感觉，我喜欢用这样的方式去和这个世界交流，我希望粉丝听完我们的英语节目爱上英语，觉得学英语是一件很轻松快乐的事。直到今天，我在抖音的评论区还能收到当年那档英语节目粉丝的留言，依然会让我怀念起那段美好的时光。

如果你要打造自己的个人 IP，把自己的个人品牌长期做下去，这就好比是滚雪球，心态放平稳，眼光放长远，要一步一个脚印，稳扎稳打。

在开始之前，就要好好想清楚自己真正想要讲的东西，真正能给用户带来有价值的东西，然后不断地"滚雪球"，当雪球滚到一个临界点的时候，就会形成复利，越滚越大，最终形成你的个人品牌。比如乔布斯、埃隆·马斯克、马云、罗永浩等，这些人的个人品牌都很强大，都是通过长时间的积累，一点一点形成的，不是一朝一夕速成的。

所以，你要想在接下来三五年甚至十年，就做这么一件事，长期经营自己的个人品牌。因此你要控制自己的欲望，不能急于求成，而且思路要清晰，对内容的选择要坚持原则：哪些东西能说，哪些不能说，不能单纯为了流量生产快餐式内容，否则，你就会陷入无尽的焦虑和痛苦。

如果你非常笃定自己讲的内容能打动别人，还能给目标用户带来价值，那么你只要踏踏实实地坚持下去就好。

有时候，你会知道什么样的内容点赞最多，但是它没有办法带来实质的转化，这种内容会让人上瘾，在产生瞬间的快感之后，带来的是无尽的空虚。因此，我们要学会控制欲望，明明知道某个内容点赞不会多，但如果你很确定它就是能击中自己想要找的那部分用户，你就要坚定不移地拍出来。

所以，如果想要真正打造个人IP，那就放平心态，控制欲望，把战线拉长。

快速获客，以量取胜

当然，打造个人IP也许并不适合每个人，也有很多人就是想通过短视频平台获客，如果事先想清楚了自己就是想这么干，其实也很简单。

如果把短视频平台当成一个流量获取平台，那就要思考如何让更多人看到你的视频，怎么才能触达更多的目标用户。你的视频播放量如果一直都很低，那肯定是内容出了问题。你需要自我审查、自我反省，是否在内容制作方面真的用心了？

如果你想用快餐式内容获客，就要通过多发来弥补内容的缺陷。假如你是一个房产销售，不想把视频拍得多精美，就是单纯地想快速获客，那就多拍。把你每个视频当成一张传单，你每发一个视频，哪怕播放量只有500、1000，只要你拍得足够多，累计的传播数量也能产生效果。

我们来做一个简单的算术题，假如你发一个视频，播放量是1000，如果你发在10个平台，播放量就有1万；如果同时运营10个账号，那么播放量就能达到10万。这在以前传统的发传单时代，是不可想象的，没有任何一个场景能有如此高的效率。

短视频在哪个平台发，其实是一个随机性的概率问题，这需要天时、地利、人和。如果你没有把内容做得非常精良，而且你也没有打算招一个团队认真来做这件事，那就去博概率，这样也能成功。比如"抖音书单号"[①]，它就是每天把20个账号都依次发15条作品，只要有一条爆款视频，就能赚几十万元。

所以，你只要想清楚自己做短视频的目的是什么，那就不会焦虑、痛苦；如果想要打造个人IP，那就慢慢来；如果想要简单、直接、快速地获客，那就每天发足够多的视频，以量取胜。不一定每个视频都要达到100万播放量才算成功，如果你的视频只有500播放量，但是依然能给你带来获客，那么这个视频就是有效的。

---

① 以分享书的图文内容为主的抖音账号。

三分钟了解短视频平台算法推荐机制

在正式拍摄短视频前，我们必须了解短视频平台的算法推荐，合理利用算法，可以帮你增加曝光，避开陷阱。

首先，当你发布了一条视频之后，平台会去检测你的这条视频，包括文字、信息里有没有违禁词。你所拍摄视频的整个画面，有没有不利于传播的某个点，如果有，你的视频就会显示正在审核。

你有没有发现，有时候发了视频以后，平台显示"正在审核"，这就是被机器检测出来，你可能会有违禁词或者不利于传播的画面。这个时候，人工审核就会上去看你的这个视频到底有没有违禁词，或者有没有违禁的画面。

如果有，你的视频就不会被推荐。如果没有，视频就会进入下一个检测，平台会去做"画面消重"。

什么叫画面消重呢？

就是看这个视频是不是你原创的，有没有被别人发过，或者你自己有没有发过？

很多人都会把自己以前拍过的视频再重新发一遍，而现在一般不会允许出现这种状况了，因为完全重复的内容，会浪费平台的流量。而且，"画面消重"能够有效地防止盗版视频的传播。

如果画面消重通过了，你的视频就会被正式地推荐给你的粉丝，以及对你的这个视频感兴趣的用户。

结合以上的视频审核标准，我给大家的建议是：哪怕你拍摄的视频是以前讲过的话题，也要把每一个视频都当成一个全新的视频去拍，并且认认真真地去拍。

看到你视频的人未必都是你的粉丝，可能有90%都是对你这类视频感兴趣的人。也就是说，看你视频最多的是一些陌生人，如果你的内容够好，那就会吸引一些新的用户。

最开始，平台会把你的视频推给几百个人，他们会根据你视频的数据（点赞率、转发率、留言率等）去决定是否推荐给更多的人。机器会去判定这些指标，只要你的数据足够好，它就会把你推向更多的用户，也就是进入下一个流量池，进行裂变式推广。

在下一个流量池，你的数据如果依然很好，又会被推向更多的人。

根据短视频平台的推荐机制，我们可以得出一个结论：内容非常重要，只有好的内容，才会真正被更多人看见。

了解平台的禁忌，精准避坑

你有没有过这种体验，当你发了一条短视频以后，你会觉得："哎，我是不是被限流了？"

如果你有过这种感受，有两种可能：第一种，你没有被限流，只是你的视频内容确实不行，没有得到人们的喜欢；第二种，你真的被限流了，那你被限流的原因，就是你触犯了平台的一些禁忌。

平台的禁忌有哪些呢？

首先是脚本，不要出现违禁词。平台会对有违禁词的视频进行限制，你可以去了解一下这些词，保证每次拍摄之前都要反复检查你的脚本。

现在也有一些软件是可以帮助你测试违禁词的，只要你输入脚本，它就可以帮助你把违禁词标记出来。

其次是场景方面，不要出现有负面倾向的画面。

我跟大家分享一个案例。当时，我们给"大白外教英语"拍了一个特别文艺的 vlog，画面场景主要是大白走在铁轨上。

这个视频我们可谓是精心制作，结果发布出去之后，就被限流了。

我就去问抖音平台的运营人员，对方分析之后回复我说，因为画面里有铁轨，而在铁轨上走是不安全的，因而机器会判断走在铁轨上的人有"自杀倾向"。

"拒绝黄，拒绝赌"，不要露出过于负面、消极的信息，这就是平台最主要的禁忌。

再比如，你放一把菜刀在旁边，这也会被限流，因为它属于管制刀具。总之，只要是你觉得不应在视频里出现的，不利于传播积极正面信息的内容，都不要让它出现在画面里。

此外，抽烟喝酒的镜头，也不能在视频里呈现，这个不利于传播。

比如，你想展示品酒的场景，你只拿个酒杯晃一晃，问题不大，但是你只要有仰头喝酒的动作就不行。这个禁忌是醉鹅娘告诉我的。因为她经常会拍品酒的视频，对此有经验。

一些大面积的文身也是不能露出的。也许在一些爆款视频当中也有文身露出，但我还是不建议你露出文身。尤其你如果是知识博主，还是要尽量地展示出自己的专业性，不要在形象上过度张扬。

总之，只要是你觉得可能会被限制流量的那些禁忌，都不要去触犯。

发布作品前需要养号吗

有人说:"我的作品被限流了,一定是因为我没有养号。"

什么叫养号呢?主要是让你在发布第一条作品之前,花很长时间,每天不停地刷视频。

对于养号,我的观点是:不需要。

平台是基于算法给你打标签的,只要你正常地去完成一些必要的操作,平台就会认可你是一个真人,而不是批量的营销账号。所以,我们只需要让机器算法识别到我们是一个真人就够了。

方法也很简单。首先,就是我们前文提到的,要精心地包装账号,包括你的名字、头像、个人简介等;其次,当时机成熟了还要绑定身份证。这些是必须完成的。

此外,当你注册好一个短视频的账号之后,要去认真地刷一刷视频,但也不需要不停地刷。你要把一些有价值的视频看完,不能像个机器一样,一直刷。因为,机器会对你的行为有判断,一个正常的人类,看到感兴趣的东西,一定会停留,看到觉得有意思的、有价值的内容,还会点赞,还会和博主留言,进行互动。

你还可以去看看直播。比如去看看你感兴趣的博主直播,给他的直播间点点小红心,这是最简单的操作。

你还要把这个短视频 App 的各个界面都点开,了解一下,看看有哪些界面。因为如果是批量的营销号,是不会有这些操作的。

我还得出了一个小技巧,就是可以修改一次密码,让平台的机器记住你做了这个动作,它会认为你是一个有行动力的真人。

最后,这也是我得出的经验:当你发布了作品之后,可以给你的视频买推广，适当地花点钱，可以让平台把你当成有价值的、愿意在做视频上投入一定资金的用户，更加重视你。当然，花钱投流只是一个辅助手段，想要真正把自己的 IP 做起来，最重要的，还是要拍出更有价值的内容。

拍摄短视频需要准备哪些设备

如果你要拍短视频，需要准备哪些设备呢？

第一阶段：基础设备

拍摄短视频，好的设备很重要，但设备也只是工具而已，我不建议你前期在设备上投入太多金钱，特别是普通上班族。

我还是强调，我们最应该重视的是内容，让别人觉得你讲的东西有用，这是最重要的。

"快学英语 Emily"在一开始就是用的 iPhone 再加上一个耳机进行拍摄的，照样收获了 600 万粉丝，变现数千万元。

所以，对于新手小白来说，我的建议是，前期直接用手机拍摄就好了。等操作熟练后，再升级去玩单反相机和其他高阶设备。当然，如果你是企业老板，该花的钱一定要花到位。花钱花到位，你才会认真对待。

短视频不仅仅有画面，还有声音，因此声音的表现力也很重要，这是我们在打造众多 IP 的过程中总结出的一条宝贵经验。有很多人会被你的声音吸引，比如刘冠奇老师的声音非常有磁性，很多女学员听到刘冠奇老师的声音，第一时间就被圈粉了。记得我第一次带冠奇去见中央电视台新闻联播的主持人张宏民老师，张老师说他的声音是老天赏饭吃，适合做播音员。现在很多女生都是声控，对好听的声音欲罢不能。如果你的声音好听，一定要配一个优质的收音麦克风，这个钱千万不要省，颜值不够，声音来凑。

第二阶段：设备升级

等到熟悉短视频的操作之后，你还可以对设备进行升级。你可能也会发现，很多博主的视频画质变得越来越好了。

进阶之后的设备并不复杂，一个微单（微型单反相机）加上一个收音麦克风就好了。

再后来，粉丝越来越多，视频的画质就可以再次升级：单反相机，加上布景，再加上收音麦克风。

这里我要说一点，很多博主只想活在自己的美颜相机里，但是，用美颜相机拍出来的视频，往往画质都很差，而且把人拍得面目模糊，缺乏真实感和亲切感。

当你有一天敢面对单反相机，敢面对更加真实的自己时，你就打败了90%的博主。因为单反相机拍出来的画面更加有质量，也更加有高级感，人物呈现也更加真实和立体。看到这个视频的人，会觉得你是非常认真地在拍视频，他对你的好感度自然会更高。随着各个短视频平台的发展，会有越来越多专业玩家入场，视频的清晰程度越来越高了。别说短视频，你看看现在那些大的电商主播的直播间，哪个不是用的高清设备直播？以后只会越来越高清，电影级直播间也是指日可待的。

不管是用手机还是单反相机等设备，你所呈现出来的整个画面的质量都很重要。一般来说，拍摄时自然光是最好的，但这种条件往往满足不了。所以你要准备补光灯，以保证画面足够明亮、清晰，这是拍短视频最基本的要求。

账号冷启动期应该有哪些操作

我们在注册了一个账号之后，一定会度过一段不那么热闹的时期，毕竟万事开头难，起号也是很多人遇到的最大一个难关。很多人把创业比作从 0 到 1，拍短视频也一样，从 0 到 1 是最难的，但从 1 到 10，就是水到渠成的事。这个特别像打井找泉眼，打井的过程真的很痛苦，但只要找到泉眼，泉水就会喷涌而出，做短视频和直播前期都是在寻找流量"泉眼"。

通常情况下，在发布前十条甚至前几十条视频的时候，视频的浏览量不会很高，点赞率也很低，基本处于自娱自乐的状态，几乎没有多少粉丝能看到你的作品。这段无比艰难的起号阶段，我们可以把它称为冷启动期，很多人到这里就放弃了，做短视频很多时候真的不是能力的较量，而是心力的较量。这就是为什么很多你觉得比你差的人却火了，他还能赚到钱。因为除了做这个，他没有其他更好的选择，所以坚持得比你久。

那么，在冷启动期我们应该进行哪些操作，才能尽快涨粉，迎来下个阶段的爆发期呢？

这里分享一些小建议。

第一，买推广服务

你可以适当地买一些推广服务。比如说在抖音平台，你可以买DOU+。但你也不能盲目地去买，而要先判断哪条作品你真的很满意，有可能会吸引粉丝，再去买DOU+。

可以先买100元的DOU+，它能够帮助你推给5000个用户，也就是说，5000人会看到这个作品，然后，你再来看看它的点赞量是怎样的。

在推广期结束之后，平台会给你反馈详细的信息：对视频感兴趣的男女比例是多少，点赞率是多少，喜欢这个视频的用户年龄段是怎样的……这些数据很重要，你要认真地去看，去分析。

我不是很赞成长时间刷视频，或者用复杂的操作去养号。如果你真的想养号，那么适当地花钱，就是最好的养号方式，哪怕只花100元，平台都会给你打上付费用户的标签。平台的流量逻辑非常简单，做平台的目的就是营利，所以谁给平台赚钱，平台给谁流量。愿意在平台上花钱的人，一定是平台最想留住的人。

随着短视频内容越来越内卷，相同质量的内容，你愿意花钱推广，流量一定会更好一些。内容好，再加上平台推广，那效果就会加成。付费推广也是为了去测试一下你的内容好不好，让大众去评价你的内容，你才能得到真实而客观的反馈。做短视频，不能闭门造车。

第二，大号带小号

讲到大号带小号，要从微博刚兴起的时候讲起。

当年，微博特别重视转发这个指标，所以当时就有很多大号带小号、各个博主相互转发的现象，实现粉丝互换。大号带小号这种现象在微博时代非常流行，而且微博官方是鼓励这种互动的，因为博主互动越频繁，粉丝也就越活跃。

那小号是怎么操作的呢？比如有人刚注册了一个新号，他会跑到一些大号下面留言，让博主和他的粉丝来关注他，或者去回答博主提出的问题。有人看他回答得挺专业，就转而连他一起关注了。这就是经典的大号带小号的方法。

不只是微博，其实微信公众号也有很多这种互推的情况。所以，大号带小号这件事情不是今天才出现的新鲜事物，而是一直都存在的。

传统的大号带小号的方法，在抖音的平台上效果往往并不太好。比如，即使是大号发了小号的相关内容，或者在评论区"艾特"你了，但涨粉效果往往也不明显。这是因为抖音是"去中心化"的平台，它的内容采用分发机制，导致了即使是大号，他的粉丝看到他视频的概率也可能很低，或许连1/10都不到。

那么，抖音小号要如何"蹭"大号的流量呢？

1. 去你所在领域的大V视频下面留言

留言要用心，尽量吸引对方的粉丝来关注你，这是一个非常精准而高效的涨粉小技巧，但它需要你花费足够的心思，你的评论一定要独到而有见解，要吸引人。如果你的评论成了点赞较多的热评，说得有价值，也可以圈住不少粉丝。

举个例子，有一个叫"音乐人三号樵夫"的网友，他因为一句评论5天涨了100万粉丝，就是因为他去一个甜点博主下，说她做的糖艺冰墩墩不太好看，表示自己可以做得更好，点赞火了，被全网评为"一生要强的中国男人"。

另外，豪车毒的老纪每天都会去热门视频下留言："尊贵的库里南车主。"让大家一想到库里南就能联想到老纪。

在给大V博主留言时一定要记住，要留专业性的评论，而不只是无意义地"抬杠"或者"灌水"。如果你发现某个知识博主有讲错的细节，或者有哪些概念还没讲清楚，你可以去他的评论区指出来，体现你的独特思维和专业性，那么很大概率能够吸引来一些粉丝。

2. 去你所在领域的大V直播间合理蹭粉

这个方法是我自己在直播过程中发现的，因为我要求要想跟我连麦需要付费（刷礼物），这也是为了给平台一些盈利，从而获取更多直播人气。有一次有个小伙儿和我连麦介绍了他自己在抖音做的项目，在他的描述中，这个项目非常简单，把一些高清的照片变成短视频，就可以获取比较高的流量。很多人听了非常感兴趣，就私信他想要学习，他当天就收了十几个学员。但不幸的是，没过几天，平台就出了通知，禁止在平台上以收徒的名义教别人做这种低质量的视频剪辑号。

不过，他的方法你还是可以借鉴的。在起号初期，当你确定好目标客户群体后，去大V直播间付费连麦吸粉是一个不错的选择，但你一定要提前练习好你的台词，越熟练越好。上去以后先给大V一顿夸赞，让大V"上头"，他就会多给你时间发言，你的发言一定要条理清晰，比如"第一……第二……第三……"，让大家觉得你逻辑思维清晰，你表现得越好，直播间的转粉率就会越高。

3. 挂榜

你通过在直播间打赏的形式，按金额由高到低排到打赏榜的前几名。博主在直播的过程中，会和你互动，念出你的名字，感谢你，并且引导直播间的粉丝来关注你。他们经常会说："感谢榜一某某某，感谢榜二某某某……谢谢打赏,也请各位朋友去关注这几位。"

如果你要挂榜的对象是人气很高的博主,那么打赏的门槛要高很多。比如罗永浩的直播间,在初期很火爆的阶段,你不花个10万元、8万元,根本当不了榜一。不过,如果是知识博主或者其他小众领域的博主,他们是自己所在领域的佼佼者,但因为所处行业在短视频平台上并非主流,所以如果要在他们的直播间挂榜,就相对容易得多,可能花10块钱就能到榜一。

所以,如果你是某个科目或者某个领域的博主,你就去这个领域的头部直播间,混个脸熟,有机会就去挂榜,这样涨粉会很快。而且,从同一个领域的达人直播间里涨来的粉丝,几乎都是精准粉丝。比如你是英语类的博主,那你就去目前英语账号人数最多的直播间互动,在他的评论区里留一些专业性的评论,让别人觉得你"有两把刷子",也许就会关注你。

做短视频,要学会冷启动,学会借力。刚开始的阶段,先去看一下你所在领域的头部主播。学习他们的打法,他们是怎么直播的?是怎么带货的?他们为什么卖得那么好?顺便给他们点点赞,混个脸熟,也许就能成为他的朋友,说不定哪天你就可以和他合拍视频了。

4. 合拍

当你觉得和某个头部主播熟了之后,可以"艾特"一下他,试着跟他合拍一下,或者申请到他的直播间去连麦,混个脸熟。当然,要到能合拍的阶段,你得先让对方觉得你真有价值,因为人与人之间的合作,本身就是等价交换的。

以上,就是小号蹭大号的四种方法。

当然，如果你已经有 10 万粉丝或者 100 万粉丝，那么也可以和同样量级的，或者稍微比你粉丝多一点的博主利用合拍的方式来互相涨粉，很多娱乐主播就是这样彼此串号的。

比如我认识的一位知识博主叫大龙，他在自己火了之后，第一时间就去把所有的前 10 名账号全部合拍了一遍。对于大号来说，他们觉得这位博主是一个冉冉升起的新星；而对大龙来说，跟有大众认知度的大 V 联系在一起，能让自己出圈，扩大影响力。

对于小众领域或者非热门领域的博主来说，最难的就是出圈。比如知识类博主，到目前为止，中国短视频日活超过 8 亿人，而 8 亿人当中，粉丝量超过 1000 万的博主，截至本书创作的时候不超过 5 个人。所以，知识博主在粉丝量到 100 万人、200 万人时，经常会遇到瓶颈期，这个时候就需要出圈来突破涨粉的瓶颈，可以选择和其他一个跨科目的知识博主串号。

前面说的主要是抖音。其实快手也一样，直播间挂榜就是快手的传统。很多大号都是靠前期去和更大的号做高质量的互动，然后让粉丝涨起来的。因为消费者往往就是同样的一群人，所以他们能够完成相互导流。凭我的调研，我发现快手平台的冷启动期更长，在达到 1000 个粉丝之前，会运营得非常痛苦，哪怕很多百万级别的主播，在初期有时候也会显得很无力。这个时候，去直播间互动、点赞、挂榜，效果是非常好的。

冷启动期的作品时长

在冷启动期，拍视频的时长也有讲究。

很多短视频新手都会问我一个问题："校长，我前期拍摄的作品时长在多少最合适？"

我想说的是，短视频之所以称为短视频，它的一个重要特点就是

"短"，the shorter, the better——越短越好。

尤其在前期，对于一个短视频新人来说，先把60秒拍好就够了。另外，在没有粉丝基础的情况下，谁会愿意静下心来听你花好几分钟娓娓道来呢？

我在前文已经说过，影响你的视频是否被平台算法推荐，是否被这个平台的机器认可去推荐给更多人的一个最重要的指标，叫作完播率。无论是音频平台还是短视频平台，完播率都是非常重要的指标。当然不同的平台会有不同的细微指标，例如抖音有一个5秒完播率的指标，就是说有多少人在你的视频上停留5秒以上，同样推给500个用户，这500个用户中有多少人看到了5秒以上。既然平台推出这个指标，那我们就要不断地去优化我们的前5秒的文案和画面，争取让更多人看到5秒以上。

那儿提升完播率最快捷、最简单的方法是什么呢？就是让你的视频更短。在账号的冷启动期，我建议大家的视频全部控制在60秒之内，这是一个很实用的小技巧。

这样做，除了提高你的完播率，还有一个好处，就是降低你写脚本的压力。你写一个3分钟脚本花费的时间也很多，把时间压缩到60秒内，对刚开始做视频的你来说，也更容易上手。

而且，你的语言会更精练，别人听起来会感觉没有什么废话。

总之，在冷启动期，如果你适当注意一些小的细节，就很可能会比其他人跑得更快一些。

稳住心态，度过短视频黑洞期

什么是短视频黑洞

对于很多人来说，拍短视频，心态真的太关键了。很多博主在做短视频的时候，由于急功近利，导致心态很容易崩溃，刚拍几条视频就觉得自己付出了很多，想着要一夜爆火。

这样的心态，是要不得的。

我经常和找我咨询的朋友说"要做短视频，至少要拍足100条短视频"，但是大部分人根本做不到。结合我自己做短视频账号的心路历程，我要给你的一条建议就是："不要迷恋粉丝数。"比如，我目前的账号"网红校长"，粉丝不到80万人，其中对外展示作品是161条，但是我曾经一场直播，就产生了300多万元的销售额。

短视频黑洞期，我自己也经历过。

七年前，我就是一位网红英语老师，我在新东方讲课，线下演讲人数最多的时候都是上千人听，这样的演讲每个月好几次。后来我自己创业，做了一档英语节目，连续更新了四年，录制的英语学习短视频节目有数百集。对于我来说，短视频并不是一个新东西，而且我还孵化出了那么多百万博主，选题、文案、表现力……我的个人能力是绝对没有问题的。但是在做"网红校长"这个账号的时候，我依然经历了短视频黑洞期。

为什么呢？我后来也思考了原因。因为我做的是一个新东西，它在短视频整个流量大海中只是一叶扁舟，它很小众。我刚开始做"网红校长"这个账号时，给自己的定位就是教别人怎么做短视频，当时我没有寻求公司的同事帮助，纯粹靠自己，每天一大清早就跑到工作室录制"教别人做短视频"的短视频，教别人如何提高完播率、点赞率等。但作为一个声称要教别人做短视频的人，我自己却没有粉丝，这个状况实在不可谓不尴尬。

我的压力其实挺大的，但我有预算啊。于是我偷偷地给自己买DOU+。结果，钱花出去了，前期我却收到了大量的负面反馈，评论里和私信里甚至有很多侮辱性的语言。我花了500元买DOU+，换来的可能是300条嘲讽，比如"你自己就100个粉丝，还来教我做人？""你才200个粉丝，找个电子厂上班吧。""呵呵，这个人粉丝还没我多！"……全是这类的评论。可想而知，我当时承受着怎样的压力。

但是我相信自己一定可以火起来，因为我火过，我也帮别人火过，我就是有这份自信和笃定，所以我一定要把自己的账号做起来。我第一个获赞几千的视频是讲"女大学生千万不要做娱乐主播！"。虽然这个视频后来被莫名其妙地限流了，但也算是小火了一把。之后我有一个视频点赞量超过了10万，跟讲如何做短视频也没什么关系。这个视频我去采访了我的一个大哥，乐博的创始人侯景刚，他的公司在2015年卖给了一个上市公司，成功套现4.2亿元，所以我就问了他一个关于"赚到一个亿啥感觉"的问题。从那一条视频开始，我的粉丝量才真正开始涨起来了。有意思的是，那个时候火的原因，是因为很多人喷他不像亿万富翁，"亿万富翁不去整整牙？"那条评论有数万次点赞。在这之前的两个月内，我拍了60~80条教大家怎么做抖音的干货作品，但几乎每一条视频下面都有很多骂我的评论。我靠着内心的笃定和不断的坚持，穿过了这段黑洞期。

所以，如果你想在一个月内就把短视频做起来，除非你背后有极其专业的团队支撑，这是普通博主无法具备的条件。对普通人来说，我们只能靠自己不断地去坚持，但很多人拍个十几、二十条作品就放弃了，还有很多人发的视频自己都不满意，但是不思进取，得过且过，这样自然得不到别人的认可和点赞。

只要你能拍出有价值的作品，只要你拍出对别人有用的作品，只要你坚持发，总有一个视频会火，心态很关键。

坚持拍摄，不断调整，静待花开

短视频黑洞期不仅仅只有我经历过。

介绍一下我们签约的年纪最大的博主——"刘毅完美英语"。

刘毅老师今年76岁高龄，他也是台湾最有钱的老师，他在20年前通过办补习班，每年可以赚4000万元。对于这样一位已经76岁而且功成名就的英语名师，为什么要做短视频呢？

刘毅老师是我刚做101名师工厂的时候，我的一位台湾朋友介绍我们认识的。我和刘毅老师第一次通电话的时候，并不知道该如何打动他，因为对其他的名师我可以通过短视频的高收入来影响他们，但是刘毅老师身价至少过10亿，通过钱是没办法打动他的。

所以，我记得很清楚，我在第一次给他打电话的时候，首先向他表达了我对他的崇敬，在大学时期，我背过他的《突破英文词汇5000》《突破英文词汇8000》等，作为英语专业的学生，基本都看过刘毅老师的单词书或他出的教辅资料。另外我和他说："短视频现在是中国最火的媒体传播途径，每天有几亿人在抖音、快手上看短视频，而我们公司的愿景就是让普通家庭的孩子接受更好的教育，因为现在很多家庭的孩子没有条件负担几千上万元的钱去学习英语，所以您是否希望自己的知识通过短视频被上亿的农村家庭的孩子看到？"

刘毅老师当即表示，这个事情他一定要干，而且一定要干好，他答应我的请求速度之快，着实让我很吃惊。而他在答应我做这件事之后，两个月内拍了 1000 条短视频，每天至少 20 条。刚开始的时候平台的数据并不好，我建议刘毅老师找一个外教搭配着做，很快就取得了成效，刘毅老师现在的抖音粉丝数量已经超过了 100 万。

看到刘毅老师的付出，我们还有什么好抱怨呢？

有太多人觉得自己拍了几条作品就很辛苦，刚坚持一个星期就放弃了，而刘毅老师在刚开始拍视频的一个多月内，粉丝只有 1 万多，迟迟不涨粉，对于他这样一位大咖，这个数据简直少得可怜。但是他并没有放弃，仍然每天充满激情地拍短视频。开始之前，我们团队和刘毅老师沟通一天更新一条就行，但是他坚持每天更新 3 条，"这样的话就有更多农村的孩子能看到我的作品，这样他们就有更多的机会接收到更好的知识"。

对于年轻人，我的建议是把心态放下来，更加心平气和地学习短视频，一步一个脚印地去做，不要着急。几乎每个人都会经历短视频黑洞期，只要坚持拍摄，不断调整，就会守得云开见月明。

再举个例子，"大蓝"在 2018 年的时候做过一个剧情号，结果变现很差，因此他放弃了，后来他在做口播的时候火了。还有"旭哥讲英语"这个账号，旭哥是新东方 20 周年功勋教师，他在做短视频的时候，每天持续更新，坚持了 3 个月，只有 4.2 万粉丝。后来我给他出了一个爆款视频，这一个爆款视频至少拍了 15 遍，5 天涨了 100 万粉丝。

所以，无论你之前是做什么的，取得了多么辉煌的成就，刚刚进入短视频领域，一切都是从零开始。你需要让用户知道你、了解你、熟悉你，让用户来给你投票。当你拍出真正好作品的时候，用户一定会为你点赞。

第四章

爆款内容指南：
用好的内容吸引用户

好的选题是短视频的灵魂

为什么很多人拍视频坚持不下去？因为很多短视频新手根本不知道要拍什么，每天最痛苦的就是选题、选材。不知道如何找选题，这是很多人止步不前，甚至放弃做短视频的重要原因。

很多人会好奇，我孵化出来的网红账号为什么会出那么多爆款视频？

我曾经是一位英语老师，为什么我能孵化出地产酵母、廖恒悦、珠宝姐宋佳、李蕾、哈佛常爸、北大丁教授等各行各业的网红IP？

我大概统计了一下，视频能不能火，50%的概率是由选题决定的，剩下的30%是内容，20%是演绎。好的选题对于一个视频至关重要。

李蕾以前是央视的主持人，她采访了国内非常多的文化名人。我们在沟通的过程中，她提出了自己的困惑：她自己的团队之前也拍了很多视频，出镜的人就是她自己，讲的内容也挺好，但就是不涨粉。这是为什么呢？

为什么我在镜头里向她提了几个问题以后，粉丝迅速就涨到了20万？

我的解释是，像李蕾老师这样专业级别的博主，就是典型的"专家"，只要坐在那儿，给人的感觉就是"说什么都对"。但我的核心价值在于精准选题，这也是我能孵化各行各业网红IP的"撒手锏"。

尤其对于知识类博主，你要记住的核心问题是，解决用户的痛点，或者给他带来新的知识，让他觉得从你身上能持续地获取价值。当他认同你，对你有所期待时，他就会关注你。

好奇心和洞察人性

我的选题能力正是源于好奇心，不管是做地产、做珠宝、做理财、做高级定制、做知识传播者还是做主持人，我在选题的时候，都会把自己放在一个小白的视角，然后对我眼前的这位专业人士提问。

除了好奇心使然，还有一点也很关键，那就是对人性的洞察。曾经有一段时间，我的视频每天播放量都能达到几千万次，虽然其中有一些我并不是很喜欢的话题，甚至有一些话题是利用人性的弱点。但我知道它能火，所以我一度被这种拧巴的状态所困扰，直到后来看到一本书，叫作《微信背后的产品观》，彻底解决了我的这个困惑。

这本书的作者是"微信之父"张小龙，他在书中表达了一个观点，就是很多特别牛的产品以及互联网大佬，都利用了人性的"贪、嗔、痴"。微信最开始作为聊天工具出现的时候，它和QQ差别没有那么大，所以一直处于不温不火的状态。最终真正让微信火爆全网的原因之一，是微信推出了一个"查看附近的人"功能，它就是利用了人的好奇心和贪嗔痴等欲望。

看到这个观点之后，我就释然了。我开始思考自己在做选题的时候都做了哪些特别的事情，大致可以总结为三句话。

第一句：火过的话题一定会再火

这句话让很多人一条视频涨粉10万。我在做选题之前，会把我对这个行业好奇的问题全部罗列出来。然后在抖音、微博、B站、知乎以及微信公众号上搜索这个行业的关键词。当你把所有主流平台相关的关键词都搜索一遍以后,那些最火的案例,就是被市场和流量证明过的优质话题,这些火过的话题具备非常强的传播属性,只要利用好,就能让你的作品流量一飞冲天。

比如樊登老师,很少有人知道他以前是央视的主持人,大家只知道他每天都在抖音上分享各种书。我们统计、研究了樊登老师所有的爆款视频,他基本就是靠同类型的爆款话题,反反复复地进行视频剪辑,创作不同风格的作品,最终获得近亿的粉丝。

同样利用这个方法的还有一位英语老师,2018年,他出了一个爆款选题,叫"in the tree 和 on the tree 的区别"[①]。他每个星期都拍一遍这个视频,每次都会有很高的涨粉数,最后他的账号涨了几百万粉丝。他也是通过不同的形式把同一个话题不停地、反复地进行拍摄,就是在利用"火过的话题"再次打造爆款,获取流量。

对于普通素人博主来说,选题是大于选人的。当别人刷到你的视频以后,他产生好奇的一定是你的选题。所以说"选题定成败",把那些点赞量高的话题全部罗列出来,然后用你的认知把它们表达出来,这就是好的选题。切记,选择火过的话题不是让你1∶1地抄袭别人的文案,复制别人的作品,而是看哪些话题是这个平台用户特别好奇的,哪些话题是用户觉得价值感很强的,这都需要经过时间的积累,慢慢摸索,从而找到这种选题的敏感性。

---

① "on the tree"强调的是"处于树的内部";而"in the tree"强调的侧重点是"挂在树的表面"。

第二句：有争议的话题才会引发讨论，有讨论的话题才会促进传播

我在给客户做选题的时候，会罗列 100 个选题，第一次会拍摄 30 个"优中选优"最具吸引力的选题。这里有一个小标准可以参考，就是换位思考，如果你是普通用户，当你看到这个选题的时候，会不会想要继续看下去？而且，在这 30 个选题当中，我会故意设计几个有争议的话题，然后根据用户的回答不断追问，就是为了引导评论区进行辩论，这样的视频上热门的概率就很高。

第三句：专家人设 + 出圈话题 = 爆款视频

这个专家人设并不局限于学术专家，只要你在一个领域里面做得比大部分人优秀，你就可以塑造自己的专家人设。关于出圈话题，就是要去思考，你选的这个话题是不是一开始就能把完全不认识你的网友吸引进来，然后再通过优质内容了解并接受你的专家人设。

记住这三句话，每次给自己的短视频找选题时，都不妨拿出来一一对照。好的选题，是拍好内容的第一步，能让你的努力起到"四两拨千斤"的效果。

如何找到爆款素材，让你的灵感源源不断

如何挖掘爆款素材？这是所有的短视频内容创作者都会遇到的问题，不管你是短视频小白，还是真正的短视频大V。

我身边的大V也常常遇到这个问题。当你拍了一段时间之后，你真的会抓耳挠腮，不知道下一个视频应该拍什么，从一开始的文思泉涌变得文思枯竭。

这种情况其实很正常，因为我们每个人都不是图书馆，我们不断地进行知识输出，总有一天会感觉"能讲的都讲过了"。

如果你还是不知道该拍些什么，今天刚拍完一个视频，马上就开始焦虑明天要拍什么，那么你可以试试以下10种方法，这些都是我结合自己这些年做短视频以及给不同行业做选题总结的核心方法，相信一定会对你有帮助。

1. 罗列100个选题

100个选题，乍一听，你肯定会觉得这是不可能完成的任务，但是接下来请冷静地跟着我梳理一遍，你就会发现其实没有想象中的那么难。

首先，需要把你目标用户的痛点全部罗列出来，这些痛点都是你可以去拍摄的选题。然后，去各大平台（不要局限于短视频平台）搜罗10万+的内容，这些内容也是你的选题方向。接着，去知乎、公众号、微博等平台找你觉得自己能演绎好的高赞选题。另外，你还可以去淘宝，花几块钱就能买到爆火的选题……

这一套流程下来，你会发现100个选题其实很简单。你只要在拍摄之

前准备好 100 个选题，接下来 3 个月都不用再愁选题，自然也就不会因为选题而焦虑了。

2. 在抖音、快手平台，搜索你所在领域的关键词

我一直强调，要向爆款学习。去看一下，最近在你深耕的领域，有哪些爆款素材出现，有哪些话题，哪些内容被大家认可。你是不是也可以将这个素材作为切入点，去进行研究，得出自己的结论，产生新的理解，然后用自己的语言进行阐述。

3. 找到你所在领域的爆款视频

怎么去检索你所在领域的大 V 博主以及有哪些爆款视频？

首先，我们打开抖音，在它的右上角，可以看到一个像放大镜一样的图标，点击这里进行搜索。比如说我们现在要尝试搜索：你是个宝妈，或者你是个早教的老师，可以搜索"育儿"一词。

搜出来之后呢，你就可以看到，下面有综合、视频、用户、音乐、话题，然后是地点、商品。比如说我们选择"综合"，你要去看一下。

这个用户，这个地方有哪些大 V 博主，你先去关注。接着你就会看到一些爆款视频。

然后看视频，你点这个视频，就会看到育儿领域的所有爆款视频。你看第一个 58 万赞，30 万赞，36 万赞，可能还有个 100 万赞的。所以呢，你至少要花两个小时去把这些视频全部看一遍。

当然在看的过程中不能只看，你要拿一支笔，拿个本子，去把他讲的话题写下来。

我之前说过，"火过的话题一定会再火"。因为这些内容已经被网友认

可过，它点赞这么高，说明这就是大家的需求点。

4. 阅读你所在领域专业且经典的书籍

可以先买十本，拿回来之后，把十本书的目录全部看完，你就能找到很多新的灵感。

而这些目录，都是经过作者、专家反反复复写的，而且你会发现，有时候这些目录就是非常好的标题，能够启发你得出自己的选题。

之后，可以再对这些书进行深度阅读，去填充自己的素材库。一个知识博主，输入比输出更为重要，只有大量地输入新的知识，才能让你有新颖的观点输出。

5. 到文字类知识平台去挖掘素材

上各大热门的论坛，比如知乎、豆瓣等，看看点赞量最高的都是哪些话题。

而那些话题，不管在哪个平台，都很可能会是热门话题，因为大众感兴趣的，总归都是差不多的，所以，一些文字类的知识平台，也是你找到话题的源泉。还有，一定要懂得利用万能的淘宝，有些人把一些优秀的公众号博主的选题全部整理出来，打包出售，几十块钱就能买到这些东西，方便快捷。

6. 学会检索

如果有可能的话，可以参考外国人的创意。比如说 YouTube，YouTube 上有很多优质的内容。你去搜索关键词，一定能找出非常有趣的创意。

比如国外版的抖音 Tik Tok。上面也有很多优秀的素材，很多大 V 博主都是从 Tik Tok 上面的内容得到启发，从而拍出了很多爆款内容。

7. 结合当下的热点议题

每天看热点榜，找到和自己相关的热点，抓紧时间蹭一波热度。这个热点榜不仅仅局限于短视频平台，还包括抖音、快手、小红书、B 站等。你需要看微博热搜、知乎热榜、公众号 10 万 + 的文章排行榜等，结合自己的专业蹭热点，是出圈最好的方式。另外，人的观点都是有限的，比如在微博热搜上出了一个新的事件，正好也在你的领域辐射范围内，除了你自己罗列观点外，一定要去看热搜微博，或者热搜视频下面的网友评论，从那些点赞高的评论中，你能获取一些全新的观点和认知，而这些评论能获得广大网友的点赞，说明是被验证能激发大众认同的观点。

8. 每天看同行业内容至少 1 小时

一定要抽时间看同行的作品，向优秀的同行学习，在看的过程中，可以找到创作的灵感。只要看得足够多，总能找到自己想要而且善于表达的选题，当你在做自己喜欢和擅长的事情时，灵感和效率就会非常高，而且经常能进入心流状态，非但不会焦虑，还会从中找到快感，就像运动能让大脑分泌多巴胺一样，这种感觉会让人上瘾。

9. 从粉丝留言中找灵感

当你在看自己以及别人的短视频作品的时候，一定要点开评论区，尤其要关注排名前三的高点赞留言，它有可能会成为你下一个创作的灵感。

还有一些粉丝主动私信问你的问题，也可能成为你的创作灵感。

10.准备一个灵感本子

这就是我的独家秘籍，当灵感乍现的时候，立刻记录下来，不管是实物的本子，还是手机备忘录，总之要第一时间记录你的创作灵感，因为灵感是转瞬即逝的。

我曾经有一段时间，连做梦都在给客户想选题，等一觉醒过来，赶紧拿手机把梦里的想法记录下来，这种梦中想出来的选题往往都能爆。

以上十个方法，是我最核心的选题挖掘指南，只要你将这些技巧用起来，相信不难找到属于你的爆款选题。

如何正确地追热点，快速涨粉

什么是你必须要掌握的涨粉必杀技，一个字：蹭。

我从微博到公众号到喜马拉雅平台，再到现在的短视频，每一个自媒体的红利期我都赶上了，而我在每一个红利期都能成功的原因就是蹭热点。

为什么要蹭热点

第一，热点等于流量。热点等于流量，流量等于客户，客户等于变现。

蹭热点就是你做自媒体赚钱必备的技能。只要做过公众号的朋友，一定有半夜爬起来码字的经历，热点事件发生后，离热点事件越近越容易上热门。甚至有一些新闻媒体，会提前准备好各个版本的新闻，新闻刚发生不到一分钟，这些媒体的长篇报道就出来了，这都是提前准备好的文章。

第二，热点更容易被算法推荐。当平台算法识别到大家都在关注和讨论一个热点的时候，它就会被平台推荐给更多人，因此，当你蹭上热点之后，就特别容易出圈。比如，某王姓明星被老婆在微博上撕的时候，我就给我们不同的博主做了选题，他们好几个人都拍出了数万点赞的视频。例如：

地产博主：王某某在台北的豪宅到底值多少钱？

知识博主：王某某如果不做明星，他可以教什么？

音乐博主：王某某哪个乐器玩得最溜？

留学博主：王某某的老婆毕业的学校到底有多牛？

律师博主：明星结婚前签婚前协议要注意什么？

理财博主：王某某给孩子买了什么理财产品？

从上面的选题，大家可以看出来，热点不能乱蹭，不然有流量没有精准粉丝也没有意义，每一次蹭热点，都得跟自己的专业领域相关。用热点话题出圈，但用专业知识留人，这就是蹭热点的最高境界。

第三，热点有时效性。CNN（美国有线电视新闻网）等美国一线媒体内部有一个共识，如果要报道一条热点新闻，一定要在16小时之内，16小时之后，新闻的时效性就过去了。蹭热点也一样，一定要在16小时之内，超过16小时，这个热点就过了。在16小时内，新闻热点会有一个发酵的过程，在这个过程中，你越早蹭，就越有可能上热门。

做过公众号的自媒体人基本都体验过，一则热点新闻刚爆出来，不管什么时候，哪怕凌晨3点，都要爬起来赶稿。这个就是追逐热点的时效性，当你有一天产生这种自我驱动的时候，你才有可能靠蹭热点出圈。

热点的三大类

第一类，固定的热点。每年的节假日或者重大赛事（奥运会、世界杯等），这种类型的热点，你一定要把它列入自己的日程表，到了这个时间点，就要拍这个主题的内容。

第二类，和行业相关的热点。比如，酒类行业每年都会有糖酒会，房地产行业每年都会有固定的展会和特点，汽车行业每年都会有车展，金融行业也会有自己的各种年度大会……这些行业热点，你也要把它们列出来。

第三类，突发热点。突发热点能蹭上最好，蹭不上也没关系，每天的突发热点并不是都和你的行业有关，你要找到和你的行业有关的热点，有选择性地去蹭。

如何能快速找到热点

第一个方法是看各大网站的热搜排行。比如抖音、快手和知乎等平台都有热搜榜，但是现在很容易被忽略的是微博热搜。虽然现在很多人不再像以前那么频繁地发微博，但是微博依然是目前国内所有热搜榜当中最重要的发布渠道，所以一定不要错过微博的热搜。

想要找到热点，你每天要坚持刷各个平台的热搜，找到和你行业相关的，能关联上的，就迅速行动。

第二个方法是看大的公众号发布的内容。粉丝量大的公众号，一般文笔很好，追热点的水平也很高。平时可以多关注这些大 V，培养自己的敏感度，及时发现能和自己产生关联的热点信息，第一时间去追这些热点。

第三个方法是看同行发布的内容。一般情况下，同行大 V 的反应速度和信息获取渠道肯定是比你强的，每天看看他们在发什么内容，找到和自己相关联的热点。当你看到同行发了一个视频引发爆点时，第一时间就要跟上去，这样，你的流量也会被带动起来。

蹭热点的注意事项

第一点，一定要蹭和自己相关的热点

要注意蹭得自然，蹭得完美，蹭得有价值。

比如娱乐新闻爆出某位明星违法乱纪，不同行业的人应该怎么蹭呢？如果你是律师，那么你可以预测这件事他会被判多久；如果你是地产博主，你可以评估一下这位明星住的房子值多少钱；如果你是心理学博主，你就可以分析一下他的行为背后隐藏着怎样的一种病态心理；如果你是家庭知识类的博主，可以追溯一下他的原生家庭和成长环境……

当一个新闻爆出来的时候，第一时间要去想和自己所在领域的关系，找到事件和你的专业两者之间的关联，立住自己的专家人设，这就是好的方式。

第二点，不要人云亦云

当一个热点出现后，你去看一下热搜榜上排名靠前的视频，看看别人说了什么。重点要关注评论区，看哪些留言和议论能激发你的创作灵感，一定要加入自己独立的想法和观点，这样讲出来的才是属于你的内容，才是符合你人设的内容。

从长期来看，只有你自己的观点，才能真正地吸引别人，别人才会因为你的观点而认可你、喜欢你。

第三点，快、狠、准

热点都有一个黄金期，一般在一个小时以内。以前我在做公众号的时候，经常半夜起来写稿子追热点，早上6点我就到公司把节目录出来，成

为喜马拉雅平台第一个发布的英文节目。追热点，不要太在意摄影装备是否齐全、拍摄团队是否完备、拍摄场景是否成熟等外在条件，最重要的就是抓住这1小时的黄金期。16小时之后，这个热点基本就衰退了，所以越早蹭上热点越好，让自己赢在起跑线。

第四点，三观要正面，安全最重要

不是什么热点都能蹭，安全最重要，一定要守住道德和法律的底线，树立积极而正面的三观。

尽量别去涉及一些敏感性的热点，否则，如果蹭得不对，账号可能直接就被封了，你之前所有的努力就白费了，得不偿失。记住，安全永远是底线，不要在法律和道德边缘试探，"活"得久比什么都重要。

谁用谁火的短视频标题创作技巧

绝大多数短视频博主在刚开始的时候都会有一个共同的烦恼，单个视频很难超过500的播放量，很大原因在于标题起得不好。找到了好的选题和素材，如何把这个选题用更加吸引人的方式表达出来，是每一个短视频博主都需要认真研究的课题。

现在人们的注意力正在被各种充斥的信息明争暗夺，短视频的竞争更是白热化，所以标题对于短视频的传播越来越重要。当你在刷抖音的时候，你会看什么？大部分人都是看封面和标题，是否留下来看只是瞬间的决定，可能连1秒都不到。

本节就是针对怎么起标题给出解决方案。对于新手小白来说，只要真正学会并能掌握这些方法，就能事半功倍，只要内容稍稍提升，流量瞬间就能拉起来。

"看完这个女人做的事情，我想砸杯子"

举个例子，有一个自媒体叫"一条"，在他们团队只有20多个人的时候，我曾经拜访了"一条"的创始人徐沪生先生，他是一个非常擅长起标题的人，到今天为止，我没事儿也会去看看"一条"的公众号，不一定会看里面的内容，但我会看看他们的标题。

徐沪生先生曾经在《外滩画报》做了16年的总编，他有一个观点叫"标题要引发人的好奇，但又不能让人失望"。他曾经策划了一个内容，名叫"看完这个女人做的事情，我想砸杯子"，每个人看到这个标题都会产生强烈的好奇心，大家会想："这个人到底做了什么可怕的事情呢？"

但其实这个内容说的是一个女艺术家，她设计了很多漂亮的杯子，看完她设计的杯子，会让你立刻觉得现在用的杯子黯然失色，所以你会产生想砸掉手中杯子的想法。

最后，他在文章下面放着杯子的购买链接。

这就是一个典型的案例，标题引发好奇，结果却出乎意料，但也没让人失望，因为杯子确实非常漂亮，具有艺术感。

好的标题，能让你的视频爆率提升至少50%

好的标题能触动人的好奇心，引发他继续看下去的欲望。我自己，以及我给客户辅导拍出来的所有爆款视频，都赢在了标题能够引发人们足够的好奇心。但是，把人吸引进来之后，你不能让他失望，否则你就成了

"标题党",反而会引发用户的反感。所以,好的标题是要既能引发好奇,又不能让人失望。

那么,好的标题到底有多重要呢?

首先,标题决定了内容的打开率。

现在公众号的内容推送界面,除了标题还有一个封面,这就是短视频的第一帧画面。当别人刷到你的视频时,你视频中的标题和视频的第一帧画面是否吸引他,直接决定了他的去留。另外,还有一个容易忽略的点,就是标题文案,这对用户的留存也有重要的影响。

其次,标题影响了视频的完播率。

如果你的标题足够有吸引力,让人产生好奇之后,就能提高视频的完播率。而完播率是这个视频能否被推荐给更多人、是否能上热门最重要的指标之一,完播率是用户对你的价值最起码的尊重和认可。

最后,标题能提升价值感。

不要仅仅满足于标题让人产生好奇,还要让人觉得你的内容有价值。你要让观众看完你的标题,就想看你的作品,看完标题文案,就想收藏,就想点赞。

举个例子,"一分钟记住中华上下5000年的朝代!""短视频条条上热门的秘密!10分钟后删除!"这种标题就属于看到就想进来看看,看完就想点赞和收藏的标题。现在的社会节奏越来越快,相应地,人们也越来越喜欢这种快速系的、快餐式的"碎片化养分",像什么"3招搞定……""7天搞定……""21天搞定……"。现在人们就喜欢这种强的获得感。

再比如"7天背会5000个单词的方法",这个标题能引发人们的好奇心,同时也体现了它的价值,满足了人们希望快速学习知识的需求。当别人刷到这条视频时,他就可能点进去看一下。就像很多人买书一样,经常是因为书名或者副标题一下戳中了内心，就把书买回家了。所以，我还有一个习惯，就是去书店看畅销书的副标题，每一本畅销书的封面上，都有一句或几句话介绍那本书，而那几句话都是由经验丰富的老编辑们经过数十遍的精心修改和打磨而成的。大家没事儿的时候，多去书店看看，找找感觉，看多了，你也就会给短视频起吸引粉丝的标题了。不信你现在把你家里的书找出来，体验一下畅销书老编辑们的魅力，很多人都是看那几句话买书的。例如，"抖音上最赚钱的100个商业模式，总有一个适合你！"当你看到这个介绍的时候，如果你想通过抖音赚钱，那就一定会下单。

让视频完播率瞬间提升的标题命名技巧

接下来，分享一些我经过实践检验，认为确实行之有效的标题命名技巧，可以帮助你最大限度地提高视频的完播率。

第一，数据罗列式标题

这类标题往往都是带数字的，比如"这3种人命最好""减肥的5个小窍门""7种领导人"，这种数据罗列式的标题，能让观众产生明确的预期，他知道你接下来会说几点。这种数据的确定性加上内容的吸引力，就能让很多人愿意留下来听你把话说完。

不过要注意数据不要太大，短视频的快节奏，让观众越来越没有耐心，你告诉他 42 个方法，他根本不想看，他只想知道 3 个方法、5 个方法。比如乔布斯几乎永远都是讲"3"，他经常在发布会结尾时增加一个 one more thing（还有一个）时刻。为什么不写成"4"呢？因为每一次他说"one more thing"的时候，都会给大家带来惊喜，这就成了大家最期待的时刻。

此外，数据罗列得越精准越好，因为精准的数据会让人觉得你是经过深入细致的研究才得出的结论。简洁而醒目的数据对人有天然的吸引力，比如"网红校长一场直播卖 300 万元的课程总结出的 10 条经验"，300 万对应 10，大部分人在看到这种标题的时候，出于本能就会点开来一探究竟，这就是数字的魅力。再比如"不节食，不运动，5 天减 10 斤的方法"，这几乎是每个想要减肥的人都梦寐以求的，因为实在难以抵御 5 天减 10 斤的数据诱惑。

数据罗列方法需要注意的一点是数据要简洁，不要太繁复，过于复杂的数据会增加大脑信息处理的压力，这样反而会"劝退"很多人。

第二，激发情绪式标题

用户最容易被激发的情绪，有愤怒、焦虑、恐惧等。

虽然很多人都不喜欢标题党，但不得不说，抓人的标题确实能够引起用户往下关注，因为这些标题都特别能够把握用户的情绪。

我们拿恐惧情绪举例。激发用户强烈的恐惧情绪有很多固定句式，比如"千万不要……不然……""如果你再不戒烟，你的肺部在 10 年后会变成这样！""这 5 种食物孕妇千万不要碰！"

再举个例子，现在很多商家都特别会利用人们的恐惧去做宣传，比如"学习书法的孩子不会学坏"。你听出来了没有？它说的不是"学习书法能够让孩子变得更好"，而是说"不会让孩子变坏"，一字之差，就能成功勾起你的恐惧。

我们再来听一句广告词："从来没有人因为购买了IBM（国际商业机器公司）产品而被解雇"，你听到这句话有什么感觉呢？

这句广告语，听起来似乎逻辑不通，但是它在20世纪70年代，产生了非常大的影响力。为什么呢？因为它在人们头脑中制造了恐惧。每次看到这句广告语，人们就会在心中产生反向的联想："我可能会因为购买其他品牌的产品而遭到解雇！"

激发情绪式标题的内在逻辑，就是先激起你的恐惧情绪，让你惊慌失措，然后再告诉你解决方案，从而让你产生心理依赖，这样就比较容易引导你跟着他的思路走。

为了趋利避害，宁可信其有，不可信其无，人们自然会赶紧来看看你要说什么。

第三，引发好奇式标题

"你家孩子还在这样背单词吗？""你还在给娃乱用抗生素吗？""你还这样教孩子吗？"……这些标题勾起了人们的好奇心。每个人天生都有强烈的好奇心，只要你的标题击中了他的好奇心，不让他看都难。"网红校长用了这个方法，一天卖课400万！"谁会拒绝这样的信息呢？

第四，背书式标题

由你所在行业的权威机构和专家站出来给你背书，让你站在巨人的肩膀上，增加可信度和影响力。比如樊登老师，他的视频里面几乎所有的理论都有出处，都是基于某个作者或某个机构研究而得出的，这就大大增加了他内容的权威性。

再比如，"俞敏洪当年用这个方法 5 天背了 5000 个单词""剑桥大学最新研究，吃这 5 种食物能变聪明""BBC（英国广播公司）推荐：这 5 个网站会让你快乐"，这种方法就是绑定名人效应或者权威机构，增加自己的可信度。

第五，提问式标题

来看第一个例子："你还在为短视频上热门发愁吗？3 招教你搞定！"

首先，问到你心坎里，然后紧跟着一句话，"3 招教你搞定"，价值感在后面。

来看第二个例子："为什么老外对中国不感兴趣？"

面对这样的提问，有一类人会觉得"凭啥？"另一类人会思考"为什么？"这就是一箭双雕，把不同的人群都吸引住了。这个标题就是我之前给大家说过的，我给"大白外教英语"写的文案中那个点赞近千万的全网大爆款视频的标题。

再看第三个例子："你家孩子还在用这样的方法背单词吗？早就过时了！"

欲言又止的样子，实在让人难以拒绝，就是想一探究竟。

以上就是我最常用的短视频快速吸粉的起标题的方式，其实还有很多实用有效的列标题方法，这里不再赘述。总结一句话：标题既要引发人的好奇，又不能让人失望而归，靠好的标题把用户吸引进来后，一定要用好的内容把他留住。

在标题和内容创作这件事上，一定要保持一种死磕到底的心态。不管内容发表与否，都要经常去思考有没有更好的标题，在实践的过程中不断总结经验，然后不断完善，形成良性循环，相信你的标题会越来越好。

最后还要提醒的是，标题的文案也很重要。

标题的文案，指的是你在发短视频的时候需要编辑的一段文字，很多时候，它和标题是一样重要的，但这里也有一些小技巧。比如有的博主在后面注明"一定要看到最后"或者"看到最后有惊喜"，不要小看这么一句话，它确实能有效地提高完播率，这是因为人的好奇心有时候会控制我们的行为。

如何把握爆款脚本的结构

短视频需要写脚本吗？我的答案是：当然需要。

首先，绝大多数具备传播性的内容，都是有脚本的，都是被设计好的。极少数没有脚本却能火的，在我看来，都是靠运气。

比如电影、美剧、脱口秀和现在的短视频，这些爆款作品都是人为设计的，脚本都是提前写好的。

抖音当年有一个特别火的视频，里面有一个女孩儿"成都小甜甜"。有人采访她，她说了一句"能给我吃饱就行"，然后就爆红网络了，全网都在给她点赞，一段时间内好像每个人都能刷到她。还有一个女孩，捧着一束鲜花，等着正在参加高考的一个男孩，一下又火了。但是，像这些"突然火爆"的案例，基本都是靠运气，可遇而不可求，且无法持续。你要做的是长期进行有价值的输出，所以能求的就是自己。写好脚本，靠自己的努力创作出一条又一条的短视频，把每一条视频都当作爆款去创作，总会有爆款出现的那一天。

其次，做知识传播，"知识"占50%，"传播"也要占到50%。

有很多博主，他的演讲能力没问题，知识储备也没问题，但是点赞量就是上不去。反之，有的博主看起来很一般，但是他的点赞量却很高，这是为什么呢？

这一点非常值得我们思考，就是他可能比你更了解用户，能够捕捉到用户到底喜欢什么。因此，传播的方法和技巧，也是短视频创作者必须学习和具备的。

最后，脚本可以极大程度地帮助我们节约时间。没有脚本，拍摄时长会是原有脚本的3倍以上。

事先毫无准备，一上来就胡乱发挥，结果可能会导致视频拍得很长，但干货很少，大部分都是一些水词。很多人都知道视频要短小精练，但真的亲自上手一拍，时长就控制不住，主要原因就是没有脚本。如果有脚本，要控制好时长是很容易的。

如何把握脚本的结构

对于脚本而言，选题是灵魂，结构是骨架，内容是肉体。

如何把握结构呢？对于新手博主来说，前期不需要急着去创新，先把脚本的常规结构掌握熟练就足够了。

首先是开场白，好的开场白能引发人们的好奇心。很多人都听说过短视频的"3秒原则"，其实现在人们已经不会再给你3秒了，我们的注意力正在变得越来越短，所以你的开场白有没有吸引住他，就变得非常关键。

其次是主体内容，做到干货满满，要让人觉得在你这儿是值得的，没有浪费时间。

最后是结束语，这个也非常关键。

有一个理论叫call to action（行动指令），最开始被运用在电商上，注意观察你会发现，所有购物网站在你购物时都会有"加入购物车""立即购买"这两个按钮，这其实就是行动指令。李佳琦直播时最喜欢说的OMG! Amazing! 就是表达他对这个产品的赞同，核心思想就是提醒你"买它、买它、买它"。

在短视频结尾的时候，你要给观众一个行动指令，告诉他们给你点赞或者加关注。至此，这才是一个完整的短视频，不要觉得这个不重要，恰恰相反，在即将结束的时候你必须明确地告诉观众做什么，怎么做，否则前面做的一切准备和努力可能都会付诸东流。

比如网红英语老师刘冠奇，每次结束的时候都会说"点赞，优秀，么么哒"，看似无用，但是你这样引导了，还真就有很多人来给你点赞和加关注。

就跟写文章一样，写脚本也要学会谋篇布局，把握好开头、中间、结尾。如果开头能够激发用户的情绪，中间给用户价值感，结尾引发用户的强烈共鸣，再加上行动指令引导用户关注你，一个高质量的视频脚本就完成了。

创作视频脚本的三个层次

虽然在前文分享了许多吸引粉丝的技巧，但我一直认为，内容为王才是永远的核心。尤其是如果你想成为一名受粉丝爱戴的博主，更是需要沉下心来打磨好内容。

刚开始创作短视频的阶段，作为新人博主，你要做到以下三个层次。

第一，干货输出，知识博主得让观众有强烈的获得感

什么叫获得感？

从观众的角度来说，就是看完你的视频之后，可以明确地感受到"我得到了什么"。因此，你要确保你的内容能让别人学到东西，这是最基本的要求，除非你只是想做一个娱乐博主，娱乐博主的目标就是让人快乐。短视频三要素：好看、有趣、有用。你总得占一头。

抖音、快手这类短视频平台整体上还是一个娱乐平台，知识内容在这类平台中占比可能都不到1%。不过从另一个角度来看这个问题，说明知识内容还有足够的存量市场，对于知识博主而言是有很大增值空间的，你面临的是一片广阔的天地，天高任鸟飞。

比如一些帅哥、美女博主非常受欢迎，因为他们让观众感到开心，俗话说"食色，性也"，这是人的天性。还有很多女生喜欢看韩剧，因为她们喜欢并憧憬那种甜甜的爱情，而且韩剧女主的样貌往往较为普通，但男主基本上都是高富帅，这也满足了观众的心理诉求。

对于知识博主来说，你所要做的就是满足观众学习的欲望，不断地给观众提供有价值的内容，让他觉得从你身上能学到东西。比如你是一个英语老师，当别人刷到你了，你就要让他第一时间学习到实用的方法。再比如说你是一个读书的博主，当你拆解、分析一本书中的观点时，恰好契合了观众的需求，这样才能获得越来越多人的点赞、评论和关注。

但其实这个要求是非常高的，因为你要不断地输出干货内容，这需要你不断地去思考、研究、琢磨。更难的是还要把每个作品的时长控制在几十秒之内，因为观众不会给你很多时间，但是要在短短几十秒之内让别人觉得能从你身上学到东西，不管是谁，都是一件非常困难的事情。

关于内容，你不仅要让受众觉得自己学到了东西，还要让他们感受到你的差异性，让他在佩服你专业性的同时，还能发现你身上的特质或者闪光点。

如果你是知识博主，我给你一个非常实用的建议：你平时讲课时举的那些例子，就是你拍短视频最好的素材。把这些例子全都罗列出来，然后从中挑出转化率最高的 30 个，再从中挑出 10 个来拍短视频。

第二，及时反馈

什么叫及时反馈？当你吃瓜子的时候，你咬一下，就"爽"一下，所以你一直停不下来。

牙膏在最开始被发明的时候，并不像现在这样有这么强烈的刺激性味道，但因为人们在刷牙的过程中得不到有效反馈，总觉得没有刷干净。后来牙膏生产商就放入了薄荷等刺激性的成分，所以现在，你在刷牙时就有强烈的"反馈感"，这会让你觉得牙齿一下子就刷干净了。

在短视频当中，你必须得让粉丝在几十秒之内，立马觉得你很有价值，立马想关注你，立马想给你点个赞。也就是说，你要在你的视频里让对方及时产生"获得感""爽感"，从而关注你。

给大家举一个例子。

有一个英语老师给大家分享一个知识点——few 和 little 的区别。大家都知道，few 修饰的是可数名词。他一边伸手指，一边说："你看，一只手，few 是 f-e-w 三个字母，三个手指就数得过来，所以修饰可数名词。little 是六个字母，你一只手数不过来，所以，修饰不可数名词，大家记住了吗？"

一个简单的方法，让你一下子就记住了，就"爽"到了。

同理，你的短视频，要在极短的时间内，给用户足够的刺激，让他被

"爽"到，调动他的注意力，让他觉得除了有干货，讲得还挺有意思，而且这个"好"要让他及时地感受到。

第三，WOW moment（惊叹时刻）

也就是说，你的内容要让别人不自觉地"哇"一下，发出惊叹。比如"大白外教英语"，一个外国人会讲中文，大家可能会觉得讲得挺好。但是怎么才能激发他们"哇"的感觉呢？那就是大白讲重庆话、讲东北话、用东北话讲相声等，完全出乎意料，就是惊叹时刻。

再比如"之昊will"有一个系列，讲的是跟他妈妈一起说英文。第一次他用英文跟妈妈打电话，妈妈是大学英文教授，所以英文很好，这让人会觉得"哇，之昊的妈妈真厉害"。但是视频的第二集如果再用这个模式，观众的惊喜感就会减弱，因为大家对妈妈已经有更高的期待了。结果在拍摄第二集时，他又给大家一个惊叹时刻——跟他妈妈用英文争论，用英文唱说唱，大家又情不自禁地感叹"哇"！

之昊也因此尝到了甜头，每个月都要坐飞机回去，跟爸爸、妈妈一起拍视频，网友们也都非常买账。

综上，你的短视频内容不仅要有干货，还要让用户能及时地感受到这个干货所带来的价值，让用户觉得跟自己有关。最后，如果能特意制造一些令人惊叹的内容，你的视频就会令人拍手叫绝！这就是短视频拍摄的三个层次。

新手写脚本一定要注意的三点

新手博主在写脚本时，有一些地方是必须要注意的。

第一点，不要着急写，先学习。

搜索头部博主的作品，把他们的视频下载下来，把脚本打出来，然后去研究。看看你对标的博主都是怎样谋篇布局的，开头是怎样引起人注意的，中间是怎样吸引人往下观看的，结尾是否让人感觉意犹未尽。将他们的技巧进行深度解析，用在自己的创作中。

第二点，视频要短小精练，所以脚本不要写得太长。

我反复强调，影响短视频流量的一个重要因素就是"完播率"，要提高完播率，最直接有效的方式就是把视频时长缩短。而且刚开始的阶段，新手对脚本的驾驭能力也有限，所以越短越容易。但是也不能太短，因为完播率这个考核，是视频越长，完播率的权重越高，你不能为了完播率就拍一个3秒的视频，这样也没有意义，另外，低于9秒的视频，平台是不会让其上热门的。那么，你可以根据自己的语速，预估一个脚本的字数。

第三点，不要写创新的话题。

你也许会纳闷，越新颖的主题，不是应该越容易成为爆款吗？

但是我建议你，作为新手博主，不要轻易冒险去尝新，而要先去写那些已经被用户验证过能火的话题。还是那句话，"火过的话题大概率会再火"，因为这就是用户想看的东西。所以，先不要急着去创新，等有了一定粉丝规模以后，再去创新，通过差异化的内容，提升自己的竞争力。

最后，写完之后一定要反复改稿，改完之后再通读一遍，发现问题，继续修改，直到你自己满意为止。

在改稿的同时也要自检脚本的结构，按照"开场白——主体内容——结束语"这样的三段式结构去自检，不断地进行优化。

爆款内容公式

短视频平台涨粉最快的方式，就是靠爆款短视频，我曾经让官方的朋友查过后台数据，"恩恩姥姥""桂先学姐（北大姐妹花）家庭教育""英语雪梨老师"这三个账号，他们80%的粉丝都来自自己的10个爆款。也就是说，他们几百万的粉丝，80%来自其中10个作品，这就说明了爆款的重要性。

爆款作品大部分都是被设计出来的，但它没有一个固定的模式。虽然影响作品成为爆款的因素有很多，不过想要打造爆款作品，还是需要具备一些特征的。

我在前文已经分享了短视频内容的创作核心原则，接下来，我们对爆款内容的因素进行一个简短的总结。你的视频很可能并非满足以下所有的标准，但你可以筛选其中最适合你的标准，得出自己的爆款内容公式。

第一，吸引人的封面及标题

好的封面能吸引住人，好的标题能吸引人看下去，短视频的完播率也会因此提高，被推荐的权重就更大。

第二，内容让人有强烈的获得感

这点我反复强调。尤其是对于知识博主来说，要不断输出干货，让观众觉得有意思，能够学到很多知识和技巧。比如育儿类博主"洋哥带娃"，很多宝妈看完他的作品以后，都会恍然大悟：原来我可以用生活中的各种道具给孩子讲一些人生道理,而且孩子也不觉得枯燥。他的视频点赞量自然就非常高。

第三,内容让人有强烈的点赞、收藏欲望

这种最有效的方式就是我提到过的罗列式标题,比如"26个英文字母的正确发音""1分钟搞定中考数学公式""短视频标题的五大方法""明星都在用的五大穿衣搭配",还有很多"孩子×岁前一定要看的5部动画片",很多家长就冲这个标题,二话不说就先收藏了。

第四,内容能够打动人心,引发共鸣

举几个例子。

第一个例子:"我拉黑了我的忠粉!"这个视频说的是一个女孩从开始做短视频的第一天起,就有一个人每天给她点赞,而且经常给她留言,嘘寒问暖。她感觉自己的隐私被冒犯了,有点害怕,所以有一天她就把这个粉丝拉黑了。半夜,她接到一个电话,是她爸爸打过来的,爸爸问:"女儿,我怎么看不到你的视频了?你没出什么事吧?"女孩瞬间就哭了,最后她说在这个世界上,不管别人怎么对你,都有两个人默默地爱着你支持你。很多人看完这个视频有了深深的共鸣,从而让这个视频有了超百万个赞,成了全平台的大热门。

第二个例子:曾经有一个小孩,初中的时候天天玩游戏,导致成绩下降得很厉害。有一次他爸走进网吧站到他身后,过了一会儿,他并没有像一般的父亲那样上去打孩子一顿,而是转身默默回去了。回到家,他爸给他写了一封信,说自己曾经那个努力、勤奋、听话的好儿子不知道去哪儿了……结果看到信的时候,他号啕大哭,当即决定发愤图强,最终去美国

留学读了博士。

第三个例子：一个男孩求婚的视频，他准备了很多年，和她一起共度的美好时光，每个场景他都会录一个求婚的视频。同样的话语，不同的场景，跨越多年的时光……当他求婚拿出这个视频的时候，女孩直接就崩溃了。

这种作品特别能打动人，因为它会引起每个人心中最朴素的情感，与其产生共鸣。后来也会有人去模仿和剪辑这些视频，差不多的场景，差不多的情节，差不多的套路，但效果依然很好，这就说明能够打动人心，引发共鸣的作品总是会得到支持的。

第五，内容能引发争论

有争议的话题才能引发讨论，有讨论的话题才能促进传播。比如说综艺节目《奇葩说》，它里面每一个辩题都是有争议的，甚至在《奇葩说》的评论区里面，只要你输出观点，就会有人来跟你争论。这种模式同样适用于制作短视频，你在准备内容的时候，也要思考一下"如何能引发网友在评论区争论？"只要网友在你的评论区争论起来，这个作品上热门的概率就会变大。我们会让我们孵化的博主做评论区管理，例如，自己会在自己的评论区故意留下一个能引发大家讨论的话题或者问题，让粉丝去评论区留言讨论。还会特意把一些有争议的评论置顶，让更多网友去讨论，这都是引发其评论的实用方法，大家可以在自己发布完视频后采用。

第六，作品幽默搞笑

幽默搞笑这件事，对于大部分知识博主来说都是比较困难的。比如"Adam 陈老丝"，他是个英语博主，但是他把自己包装成一个娱乐博主，他学泰国人说英语那个作品太魔性了，因此这也是他圈粉最多的一个作品。

这里你需要明白一个道理，不管你是什么类型的博主，说白了，人们刷短视频其实就是为了快乐。所以如果你想在这样的平台推广自己，就要想办法让别人看到你的作品变得开心，让他对你产生幽默的预期，你就会因此圈粉。

第七，作品要令人惊叹，制造惊叹时刻

这一点在前文已经重点描述，此处不赘述。总之，你可以尽量制造一些让用户感觉有反差的、产生惊讶感的内容。

第八，内容有反转

抖音和快手很多博主最开始经常运用的都是反转，因为反转有意思，别人对你产生了兴趣，就会关注你，期待你接下来的作品。

第九，内容有槽点

就是利用人们"好为人师"的心理，当我们看到有明显错误的时候，就有强烈的冲动给你指出来。故意在你的视频里面露一点破绽，这样很多人路过看到你，都会来点评几句，结果是留言越多，你的视频就越火。需要注意的是，你预留的槽点必须非常明显，让人看完立马就能发现，你如果弄得太复杂，别人一时反应不过来，那他就滑走了。

第十，内容引发同情心

"震惊！某某大师直播8小时，竟无人观看"，"震惊！某某直播16小时，

竟然只卖了两双鞋"，现在这种视频很多，就是为了博取网友的同情心，路过的时候看到不忍心，就进来看一眼。但是，这种方式要慎用，因为短视频平台对这种卖惨的视频审核条件正在收紧，而且这种卖惨的形式也很难一直维持下去，一旦粉丝发现你在作秀，那你前期做的所有积累，在这一刻全部都会土崩瓦解，而且很难东山再起。但很多现在很火的博主，都采取了博取同情这一招涨了很多粉丝。

如何利用一个作品反复给自己赚钱

毕其功于一役

抖音平台上每天都有那么多视频发布，怎么才能在这片汪洋大海中脱颖而出呢？是面面俱到还是毕其功于一役？答案是后者，记住12个字：单点突破，精准打击，反复牵扯。

有很多讲商业的老师，他们不会专门花大量的时间去拍摄短视频，他们所有的短视频都是每一次线下课的录像，然后把其中的一些经典的片段，通过重新剪辑，然后分批次发布，进行测试。

他们每个人都有几十个账号，背后有十几个人的团队在运营，把重新剪辑的不同视频发布到不同的账号上。这里需要说明的是，抖音有"消重"的机制，如果你把完全一样的视频发到不同的账号，就会被消重，限制流量，所以我们不能发布完全同样的视频。经过一段时间测试之后，他们就会找出涨粉效果最好、转化变现效率最高的视频，然后就对这一个视频进行反复剪辑、反复使用。总结下来，就是前期在不同的账号上发布大量的作品，快速测试出自己点赞、转粉和转化率最高的几个视频，然后把这几个视频反复拍摄，直到"吃"不动流量为止。

这个方法是书单号和短视频带货账号的惯用玩法，说到书单号，就不得不提抖音的书单号之王，我的一个1995年出生的兄弟利云，他自称"抖音最底层的流量搬运工"。他们公司把这个方法用到了极致，也帮助了很多大V博主在抖音卖书变现。你在抖音上刷到"曹德旺""东兴饭局""刘强东""马云"等鸡汤视频，基本都出自他们之手。他们旗下几百万卖书的账号，每天发出去上千个视频，测试出能卖书的爆款视频就疯狂投放，在不同账号上发这个模板视频，直到把流量"吃"干净，这就是用一个视频反复赚钱的方法。后来，某家孵化商业博主机构的老师们也用同样的方法卖199元的课程，赚得盆满钵满。

为什么火过的内容一定会再火呢？还有一个原因，就是平台的算法。

火过的内容，我们把这样的内容称为人民的选择，所有上热门的作品都是靠网友点赞出来的，被验证过的内容，一定更容易上热门。对于机器来说，它并不知道你在讲什么，机器只看一个东西，就是数据。视频的完播率、点赞率、转发率、留言率、转粉率，都是机器进行推荐的依据，当机器结合以往和当下的数据进行分析，觉得你这个话题得到这些数据的可能性更高时，它自然就会推荐给更多人。当然，平台也需要筛选更好的、更受欢迎的内容推荐给更多的人。

不要有精神洁癖，敢于拍火过的话题

对你来说，一定要拍足够多的新作品，但是不要对内容有过度的精神

洁癖，不要觉得别人讲过的话题我不讲，或者我自己火过的内容不好意思再讲，特别是一些专家，越专业的人越有精神洁癖，对这些专家，我都要花一定时间去跟他们解释为什么要这么做。你们可千万不要有这种想法，抖音是去中心化的平台，即使你某一条视频被1000万人看到（这已经是现象级的爆款作品了），但是抖音坐拥几亿日活，也就意味着绝大部分用户都没有看到你这条视频。

所以，如果你发现自己的一个内容，能够不断地涨粉或者转化变现，就要反反复复、不厌其烦地拍摄。这样也带来一个问题，就是别人看你的主页，上面全是这一个视频的不同剪辑版，这样就比较尴尬。不过这个问题也好解决，只要等涨完粉丝后，把视频设置为"仅自己可见"就好了。

另外一点就是，平台永远欢迎新来的创作者，这样它的平台才会越来越强大，因此，已经关注你的粉丝再次刷到你的视频的概率其实很低，可能也只有10%。所以你要把自己每一个作品都当成一个全新的开始，都当成一个获客的渠道。你要关注的是获客和变现效率，而不是流量数据，能用一条视频反反复复挣钱，为什么还要劳心费力地拍别的内容呢？

平时发的日常视频，只是用来维护和留住粉丝的，然后再有几条不断拉新用户的视频，给你的账号不断输送新粉丝。在这个过程中，通过不断的测试，找出下一条甚至更多能够反复利用的高效作品。郑翔洲、申晨和樊登老师用的都是这个方法。我们对这些博主的作品进行过全面的了解和分析，他们都曾经将自己已经火爆过的选题，进行重新拍摄，在抖音上反反复复地发，最终得到了大量的曝光。

如何提升镜头表现力

我发现很多即使是在线下讲课讲得很好的老师，当他面对镜头的时候，也会说不出话，会磕磕巴巴，录半天录不出来东西。

我有一个非常知名的投资人朋友，他平时表达能力很强，在台上也能演讲。但是他在做短视频的时候，一条60秒的视频居然拍了三个半小时，出来的效果还不满意。他给我打电话，非常痛苦地说："哎呀！流星，我这怎么回事儿！你看我这怎么三个半小时都没拍出个60秒的视频！"

我告诉他："第一，你不够松弛；第二，在前期的时候，你不要去追求完美。"

不要去追求完美，并且要放松一点，哪怕有一些瑕疵也没关系。坚持下去，镜头感本身就是慢慢培养的，拍得多了，自然就找到感觉了。

那么，如何让自己快点儿找到镜头感呢？这一节内容，我们来探讨一下。

"菜鸟"和"大神"，差了什么

为什么同样的文案，不同的人拍出来，会有不同的反馈？有的人可能是获得10万个赞，而你拍出来可能只有500多的播放量，这个问题出在什么地方呢？

答案就是表现力，你如果不是天生热爱舞台和镜头，如何才能提升镜头表现力呢？

我在上大学的时候，为了练习英文演讲，我们老师告诉我们八个字：

"目中无人,心中有人。"在背演讲稿的时候,把眼睛闭上,然后想象台下有100个观众的样子,然后是200个、500个、1000个、10000个……想象他们为你鼓掌,为你欢呼和他们期待的眼神,心里就自然有一股劲提上来,很多时候我们的表现力,就是这一股劲的作用。

经过这么一轮心理建设之后,你再拍视频的时候,状态一下就好起来了。有时候我一天工作下来,状态已经很疲惫了,但是在直播的时候,当摄像头打开的一瞬间,我的肾上腺素一下就能飙升起来,状态直接拉满,用的就是这样一种心理建设的方法。

"经营之神"稻盛和夫有一个观念,叫作"言灵"。意思是说,你得相信自己说的话,而且非常笃定你讲的内容是对别人有帮助的,这个时候你的语言就充满了灵魂,而且语调表现出来是铿锵有力的。因此,我们表现力最核心的因素,是内心的笃定,对自己讲的东西绝对自信。

我在讲课、拍视频和直播的时候,都是没有稿子的,但是很多人觉得我讲的内容很精彩,好像提前准备过,所以愿意一直听下去,其核心点就是我把脑子里的想法真正地带给更多的人,给他们以帮助。

第一,反复练习

当你刚开始面对镜头的时候,很可能会觉得不自然,眼神不知道往哪儿看,不知道手势怎么摆,这是因为此时你的注意力都集中在自己的外表、临场表现和别人的评价上,无法集中精力关注自己的内容是否完整、精彩、有价值。

所以,你需要反复练习,让你对自己所讲的内容非常笃定,并且自信,你的表现力自然就会提升。

第二，把镜头当成朋友

直面镜头拍视频的时候，不要把它当成一个摄像机，而是把它当成你心中喜欢的那个人。

我们公司有个合伙人Irene，她是抖音上的美女英文博主，她的视频每次都是以非常甜美的微笑结束，她说每次拍视频的时候心里都想着偶像，她就能发自内心地微笑，让镜头前的粉丝也能感受到她的真诚。

我之所以镜头感很强，是因为我拍了五年的双语脱口秀。我看到镜头的时候，我就会很兴奋，很开心，我就想去表达。我把镜头当成了我的观众，当成了我的朋友。

我每次看到镜头都在想：哇，ladies and gentlemen, it's show time。（女士们与先生们，表演时间到了。）我把镜头当成下面有一万个听众，在听我讲。

所以，你要跟镜头做朋友。

那怎么去训练呢？开始的时候你不能直接面对镜头，因为你看不到镜头里的自己是什么。

你可以用镜子进行练习，这和练习演讲是一样的。你要去看镜子里的自己，对着自己去练习表达。

你自拍的时候是不是要去找角度？拍视频的时候也是如此。用镜子进行练习之后，你就能把控好自己的面部表情了，你知道怎样的表情是富有感染力的。之后，你可以用前置摄像头，对着镜头反复地去说。

接下来，你要让自己适应这个镜头。你用这个镜头拍照片没问题，因为拍照片是静止的，但对于拍成视频，你可能还是很陌生。所以，你要面对镜头反复地去表达，同样的一句话，你要反复地去讲。

在讲的时候，要控制你的表情和动作，这样你的状态才会越来越好。

第三，忘掉镜头

有些人平时说话特别顺畅，但是一旦面对镜头就开始结巴，看到镜头里的自己就不自信。这种情况不用紧张，等你拍多了就习惯了，就不会再紧张了。如果这样还是不行，还有一个方法，就是忘掉镜头。

如何才能忘掉镜头？我们服务的很多网红客户，其实他们刚开始的时候，表现力和一般人是一样的，甚至连话都讲不清楚，面对镜头也是紧张得不行。我帮他们调整的方法，就是帮助他们进入"心流"状态，先让他们看着我，当不用面对镜头的时候，他们往往很快就能进入状态，找到演讲的节奏。

因此，要想忘掉镜头，你可以找一个人采访你。采访也有不同的方式，比如特别正式的采访，还有一种是比较生活化的场景，拿着手机对着你拍。有一个讲财经内容的账号，几百万的粉丝，博主拿着手机拍自己的老婆，然后问一些财经类的问题，他老婆都是一边忙活家务，一边来解答，这种也叫采访式视频，它的优势就是给人一种轻松感，增加博主的亲和力，拉近与粉丝之间的距离。

第四，利用第三方角色

如果以口播的形式呈现，你可以把摄像机对着自己，然后在镜头旁边安排一个人坐在那儿，你就看着他说。这样你就不用对着镜头，同时也让观众变成一个第三方的角色，当你在和别人聊天的时候，状态是最自然、最放松的，恐慌感也就自然消失了，这种状态下的作品质量就提高了，完播率也会因此得到提高。

最后，你还可以尝试拿着相机自拍，边走边说，这种状态更接近与朋友的侃侃而谈，状态也就更放松，这个时候你的表现力也很强。

除了以上几点，还有很多其他的方法能够帮助你提升自己的表现力。我没有学过演讲，也没有学过如何面对镜头，更没学过演讲时身体姿态和动作该怎么做，我成功的秘诀就是拍得多，熟能生巧。当你认为你讲的东西对他人有帮助的时候，自然就会迸发出能量。内心的笃定，才是表现力的原动力。

拆解百万点赞视频的核心特点

打动人心，引发共鸣

我给"大白外教英语"创作的视频，在视频号的播放量达到2亿和近千万个赞，在抖音上接近90万个赞，随着时间推移，这些数据还会增长。

我刚到北京创业的时候，当时正是疫情比较严重的时期，所以我在小鹅通上给大家做分享，其中就举了"大白外教英语"的案例，他曾经创造了快手"从0到100万粉丝"的最快纪录，只用了三十几天，这是所有教学类账号涨粉最快的一次。当时，我就提到我正在给"大白外教英语"创作一个视频文案，并且预计第二天晚上的视频点赞将超过100万，结果点赞超过了200万。

这条视频的成功，是因为我融合了很多能让视频上热门、成爆款的方法，其中最重要的一点就是八个字"打动人心，引发共鸣"。很多网红博主都是靠百万点赞作品出圈的，然后去获取自己的目标用户，比如英语老师雪梨有一条讲"一个普通女孩的十年"的视频，就这一条视频就让她至少涨了100万粉丝，月入过千万元。

因此，百万点赞视频的核心就是"打动人心，引发共鸣"。不过爆款视频是可遇而不可求的，它需要天时、地利、人和各方面因素全部具备，才有可能达成。虽然我们有很多有效的方法，但是你不要因此给自己做"没到100万点赞就没做好短视频"这类简单粗暴的判断。如果你拍出了爆款视频，说明我们的方法奏效了，但是抖音以及其他短视频平台本质上是内容创作平台，如果你没有获得爆款的数据，并不一定说明你失败。只要你的视频能带来新增用户，而且能锁定其中的目标用户，最终获得转化变现，这才是真正的成功。

我之所以能写出很多的爆款文案，是因为我从2012年就开始做公众号，每天要发1～3篇跟英文相关的选题。之后，我进入自媒体圈，开始研究不同人的选题方式，比如"十点读书""一条"等当年那些头部的公众号，我每天都会花时间研究他们是怎么构思选题的。通过这些年不断总结的经验，最终形成了一套行之有效的方法。

所以，如果你刚开始做短视频，不要紧张，也不要急躁，更不要抱着每条视频都要高点赞的自我要求。把心态放平，步步为营，循序渐进，所有的事情都需要一个过程。而且播放量和点赞数只是参考指标，最重要的还是找到精准流量，然后转化变现，这才是你做短视频的最终目的。

如何包装剪辑出高质量的作品

字幕要清晰

如果你的作品只是一个简单的口播视频,那至少字幕一定要标记清楚。

其实,字幕也有很多细节,有些字幕使用的字体看起来就会让人感觉更高级,这就需要你在平时注意观察,搜集这些素材,并运用到自己的视频中去。

此外,重点信息的字幕一定要跟全视频字幕的字体、字号有所区分,让人看起来你是认认真真地包装了这条视频。你的态度认真,粉丝才会觉得你的内容真的重要。哪怕你只是在讲一个单词,如果你讲的是单词的发音,你把这个单词的音标写上去,这条视频的价值就会提高很多。所以一定要认真地加字幕。

封面上的标题要醒目

封面上的标题字体一定要醒目,而且越短越好。当别人刷到你的视频时,标题的醒目程度直接刺激人眼的感官,让他决定是否驻足观看。

字幕和标题只是其中的一两个细节,整个后期的包装剪辑包含了太多这样的细节,所以只要你用心,就可以全面提升自己的作品。同样一个内容,有的人拍出来很差,但经过包装剪辑之后就会显得高大上。这就需要你不断打磨作品、慢慢总结、积累经验,你的作品才会得到不断提升。

画面要清晰

还有一点我想特别强调的是,视频的画面一定要清晰,不要过度美颜。美颜太过度了,反而会降低你的权威感和专业感。比如,你是一个育儿博主,如果你美颜过度,一些宝妈看到你,会觉得你不真实,也缺乏亲近感。

虽然说,我们想要成为网红博主,但网红博主这四个字中,最重要的不是"网红",而是"博主",你要做的是提升价值感,所以,视频画面一定要清楚,尽量真实,不要因为美颜过度而变得模糊。

慎用特效

在剪辑的时候,不要去添加那些乱七八糟的特效,越简单越好。

尤其是知识类博主,重点要展示的是知识,而不是去炫技。有些特效特别花哨,像PPT的翻转、渐变等,反而会喧宾夺主,华而不实。

背景音乐不要喧宾夺主

你的背景音乐,一定不要盖过你本身讲述的声音。你想想,用户刷到这个视频的时候,他是听你讲,还是听这个音乐呢?所以,在开始拍摄短视频的时候,一定要注意把背景音乐调得越低越好。因为主体是你,而不是音乐。

总之,视频剪辑是为了提升视频的观看体验,为自己所分享的知识赋能,而不是为了自我满足、自我炫耀。如果你不是专门的素材剪辑类博主,也不需要学习太多复杂的剪辑技巧,使用平台配套的剪辑软件(比如抖音博主一般可以用"剪映"),懂得最基本的剪辑技术就够用了。

如何吸引目标用户并让对方为你付费

如何让自己的粉丝更加精准，愿意向你付费？想要做到这一点，你需要"控制欲望，不忘初心"。

虽然我在前面也讲到了追热点和涨粉的方法，但我要提醒你的是，要时刻记得自己做抖音，不是为了数据，不是为了涨粉，而是为了吸引真正需要你、认可你的用户，只有这些用户，才愿意为你所输出的内容或服务付费。我的一个IP孵化学员"留学韩老师"，她在我们公司对面楼开了一家线下的留学考试培训机构，客单价几万元到几十万元不等，属于极高客单价的产品。自从做抖音之后，90%的线下课程学员都来自抖音直播或私信，越高客单价的产品，越精准越好。

粉丝数只是表面上的，你要打动的，是真正与你相契合的有效用户。

这一点要做到其实不容易，因为确实很难拒绝百万播放、千万播放带来的虚荣心。但是你需要保持理性，认清这些数据并不代表精准目标用户。

我在前面说过一个方法，叫"专家人设+出圈话题"。要做好抖音，拍摄能够吸引流量的视频是必要的，你必须要有破圈的爆款视频，为你带来更大的关注量，但是这类视频只是为了让你的账号被系统识别并标记。

你要时刻提醒自己不要迷恋于此，而是要把注意力和心思放在那些能给你带来目标用户和转化的内容上，拳头打出去要记得收回来。

当流量上去之后，你就很容易想继续拍这类视频，因为简单、好用、涨粉快，但这样就和你的初衷跑偏了。很多博主，就这样被流量裹挟，离自己最初的目标越来越远。

因此，在拍摄视频时，要注意搭配比，你可以准备几条破圈引流的视频，隔一段时间发一些，拉拉人气。但是你要清楚的是，这类视频很难给你带来真正愿意付费的、高净值的粉丝。只有当你针对某一类目标客户创作真正有用的内容时，即便没有多少点赞，涨粉也不多，但是往往转化率会真的很好。这类有价值的视频，才是你真正获取忠诚粉丝的核心作品。

所以我常常说，做短视频要控制欲望，不忘初心。当你想要拍追逐流量这一类视频的时候，一定要提醒自己不要忘记最初做短视频的目的，反思自己是否能给目标用户带来价值。因为用户不会为你的流量买单，只会为你的价值买单。要时刻保持头脑清醒，清楚地知道自己"卖什么，卖给谁，怎么卖"。

你在选题和写文案的时候，也要不断反问自己这三个问题，尽量控制自己想要搞流量的"邪念"。

最后总结一下：做短视频，吸引流量没问题，但是得能拉回来，要学会控制欲望，不忘初心。

第五章

运营策略：
利用算法上热门

了解抖音的流量池，精准分析你的播放量

当你的视频到一定阶段时会被推荐进下一个流量池。目前抖音的流量池一共是 8 个，以后有可能会变，但是基本上这个逻辑是不变的——你的数据反馈好，会被推荐到下一个流量池。

那初始流量池是多少呢？是 200～500 的播放量。也就是说，你不管拍什么东西，哪怕你拍个阿猫阿狗，拍一顿自己的晚餐，抖音都会给你 200～500 的流量，即 200～500 人可以看到你的视频。

如果你发现你视频的播放量低于 200，说明你这个账号有很大的问题，可能是在前期起号阶段没有注意好。我建议你放弃这个账号，重新注册一个，注册时一定要注意，按照我在前文给到的建议来操作。

总之，你随便拍个视频，播放量超过 200 是非常容易实现的。

接下来，如果数据反馈好，就会进入一个 3000～5000 人的流量池。你的点赞率，或者是你的完播率稍微好一点，都能进入这个千人流量池，获得 3000～5000 的播放量。

如果视频在 3000～5000 人这个流量池的数据表现依然不错，你就会被推荐进万人流量池，即 1 万～2 万人会看到你的视频。

视频的数据如果反馈依然很好，你就会被推荐进一个"小热门"了，

将有 10 万~15 万人会看到你的视频。

接下来，就会进入"人工审核"的阶段。因为你的这个视频，在此时才真正地被平台所认可，认为这是一个有潜力上热门的视频。

人工审核通过，接下来，你的视频会进入中极流量池。中级流量池指的是 20 万~70 万的播放量。这个时候你数据好的话，就能进入高级流量池——100 万~300 万的播放量。

如果在 100 万~300 万的播放数据依然很好，即完播率、点赞率、评论率都表现突出，你就要上"热门"了。你就要准备好，因为你手机后台会出现 99+，你进入热门流量池了。

如果播放量持续上升，到 500 万~1200 万，这就意味着你已经有爆款作品了。这个播放量，几乎是一个普通的知识博主能够触到的天花板。

最终还有一个流量池：如果你能超过 1200 万的播放量，那就说明你要出圈了，你已经不是普通的博主了，你将有机会被你的前任和小学同学刷到，成为当日短视频平台上的"超级巨星"。你还有可能上平台热搜，如果那个视频的价值感强的话，就有机会单日涨粉数十万，一夜爆火。我们签约孵化的博主北大丁教授就因为一条"吐槽自己女儿是学渣"的视频，抖音点赞 170 万次，单视频播放量突破了 7000 万，一天涨了 80 多万粉丝。甚至被《人民日报》《光明日报》等官媒转载报道，还引发了广大群众的热议，因此上了微博、知乎等各大平台热搜。后续还有一些媒体对丁教授进行了独家采访，形成了很好的二次传播，这就是真正意义的出圈了。但这样的机会是可遇而不可求的，需要天时地利人和，我经常说，10 万点赞的作品靠设计，100 万点赞的作品靠运气。

利用短视频平台的算法机制上热门

你是不是也遇到过这样的情况：当你认认真真地拍好一条视频，满怀期待地发布以后，就拿着手机在那儿等着它上热门，一会儿打开手机看一下，看看有多少浏览量了，有多少人点赞了。如果有一条出现了 99+ 的视频，那种满足感和幸福感无以言表。

但是也有很多人到现在也没有一个达到 99+ 的作品，没关系，本节分享的就是教你怎么利用好平台的算法机制，让你的作品上热门。

视频想要上热门，一定要做好以下这几个数据。

第一，完播率

完播率这个指标，我在前文反复提到。这里，我们来深度拆解一下。

我们已经理解了流量池的概念。很多短视频平台把 200～500 的播放量作为一个基础流量池，然后才推到万人流量池、10 万人流量池、20 万人流量池、50 万人流量池……10 万～15 万人流量池的时候，会有一个人工审核的环节（不同平台人工审核的节点不同，而且经常发生变化），这个时候你的作品就有可能上热门了。

当你发布一条视频后，系统会把这条视频推荐给大概几百人，然后根据这几百人的反馈来决定是否推送给更多人。其中最重要的一个衡量数据就是完播率，完播率越高，说明这些人真的被你的内容吸引了，系统就会判定你的内容可能是更多人喜欢或感兴趣的，因此它就会推送给更多人。

有的人会想：既然完播率这么重要，那么只要把所有视频全部做成几秒，不就能大大提高完播率了吗？这有一定的道理，所以抖音最开始就是

15秒。但是今时不同往日，平台的算法是在不断进化的，现在它的算法会结合视频的长短和完播率做一个动态的调整。也就是说，你的视频越短，这条视频完播率的比重就越低。视频越长，完播率的比重反而会相应提升，因此上热门的概率也会越大。另外，除了完播率，系统还会根据其他数据进行综合判断，短视频野蛮生长的时代已经渐渐成为过去时了。

所以在你发作品之前，就要提前思考如何提高完播率。有一个方法就是把第一句话讲清楚，把你的视频标题写得足够吸引人，然后环环相扣，让人无法中途退场。比如"3招教你条条视频上热门的方法"，这个套路现在已经被用烂了，但是依然有效，还是会有很多人在看到这类标题的时候，忍不住点进去观看。

我经常讲"选题定成败"，但实际上你的视频第一句话基本就决定了完播率高不高。

第二，点赞率

点赞率是所有短视频平台判断视频是否上热门最直观的数据，所以很多人非常在意这个数据。当然这个数据的确也很重要，点赞数代表了观众用自己的实际行动给你投了一票。那么怎么才能提高点赞率呢？我们可以把自己当成观众，我们会为什么样的作品点赞呢？点赞率高的作品，要么是打动人心，让别人从心里认可你，觉得你讲得好，然后给你点赞；要么是你讲的东西有收藏价值，很多人用点赞来实现收藏的功能，以便以后再回过头来看。之前跟大家说过的行动指令，一定不要忘记使用，就是在视频中间或者结尾提醒大家点赞、关注，千万别小看这个动作，据YouTube的统计，在视频结尾有行动指令的作品比那些没有行动指令的作品点赞率明显高很多。

第三，留言率

关于提高留言率有一个小技巧，这个方法我在前面也稍微提过。很多大V都在用，但是新手小白往往会忽略。就是在留言区自己主动抛出一个话题，然后置顶，引发大家讨论。还有一种常见的方法就是把那些非常有争议的留言置顶，吸引网友去争论，就是为了让评论区变得火热起来，这样视频上热门的概率就会大大增加。这就是我经常说的一句话，"有争议的话题才会引发讨论，有讨论的话题才能促进传播"。

第四，互动率

提高互动率，主要是指用户评论意向有多高，而不是用户评论了之后你的回复率。抖音用户喜欢看神评论，很多视频的留言区十分精彩，甚至比视频本身还有趣。我们通常会埋伏3条左右的评论在留言区，可以是质疑选题内容的，可以是调侃选题内容的，也可以是非常犀利的提问。

总之，要能吸引用户留下来看，促使他们关注评论区，甚至直接参与话题讨论，这样一方面可以提高互动率，另一方面也提高了完播率以及停留时长。

第五，转发率

在抖音平台，如果要跨平台转发视频，就要先把视频下载下来，然后才能转发到别的平台。当有人下载了你的视频之后，平台就会认为你的视频搞笑或者有用，因此你的视频上热门的权重也就相应提高了。我曾看到过很多大V在评论区引导下载的"小套路"，例如："大家帮我试试能不能下载？然后告诉我一下，谢谢大家。"就真的会有热心网友帮忙下载，然后告诉他可以下载。

以上，就是关系视频能否上热门的几个关键数据，如果你也想要上热门，当你做好选题之后，一定要提前思考完播率、点赞率、留言率、转发率这几组数据。从这几组数据出发，倒推回去，然后有针对性地对视频进行润色和调整，那么你的作品上热门的概率就会大很多。

想提高完播率，视频应该如何发布

在前面我们提到过，一个视频的标题，决定了这个视频成败的50%。除视频的标题之外，我们在发布之前也要发一个文案，这个文案也非常关键，它可以非常直观地展示出你这个视频的价值感。

作品发布时的文案写作，有哪些小心机呢？

第一，发视频的文案标题跟视频可以是一致的。这样就能尽量地吸引大家把这个视频看完，或者是把这个视频看下去，或者是体现这个视频的价值感，让人能够看完这个视频。

第二，一定要加上关键话题。比如说你是英语老师，你讲的是英语，你就可以在后面加上一个#号，然后加上话题：#英语#、#英语口语#、#四六级#、#考研英语#……至少每次要加一个。

系统会识别你所发布的信息，然后给你这个视频内容打上标签，再去匹配给搜索这些信息的人，这就会将你的视频精准地推荐给更多对这种内容感兴趣的人。另外我们还发现，现在平台不仅能识别你发布文案里的文字，还能识别你视频里的字幕，不仅会通过你发布的文案去抓取关键信息，也会通过视频里的文字去匹配推荐，人工智能真的太强大了。

第三，要时刻关注官方的一些活动。比如说"云上大课堂"是抖音官方举办的一个活动，你在发布时就可以加上"#云上大课堂#"这个话题，只要你的视频内容质量好，官方就会给到你流量扶持。很多人抱怨说，我加了话题为什么也没感受到流量扶持，因为你的内容不够好，没有进入推荐的排行榜。另外，很多流量扶持是官方提前邀约发布的，所以跟官方运营小二搞好关系也是必不可少的工作。

第四，你可以在发布文案的最后，打上括弧，写上"一定要看到最后""建议收藏，反复观看""再不看可能会被删除"等。这个操作可能会大大地提高你视频的完播率。这个小心机可以引发大家的好奇，让大家去把这个视频看完。

括弧里写上"建议收藏"，这可以提升这个视频的价值感，就像你买书不一定会看一个道理，很多人都有收藏癖好。

发布时间如何选择

很多达人都会问我一个问题："视频的发布时间有没有讲究？一般是什么时候最好？"

首先，我要表达的观点是，如果你的视频是真正的爆款视频，那么发布时间其实没有那么多讲究，什么时候它都能爆。

但是，如果你的视频还没有达到爆款的水平，什么时候发布效果最好呢？那就是抓住短视频的用户使用的高峰期。

第一个高峰期，在中午12点到下午2点。

第二个高峰期，是晚上8～11点这个时间段。这也是短视频平台用户活跃度最高的时候。

那么，你在什么时候发呢？我一般建议在晚上7点左右，发布之后，等待高峰期的到来。

但以上只是一个大致的建议，每个博主的类型不一样，粉丝的习惯也不一样。你可以在发布视频之后，到"个人中心"当中对数据进行分析，看看你的粉丝最活跃的时间是哪个阶段，你就在那个阶段去发短视频。并且最好把这个时间固定下来，让你的核心粉丝养成习惯。比如，你发现自己晚上八点发布视频效果最好，那就每天晚上八点更新，让大家有所期待。

利用好日常视频的这个宝藏功能

抖音有一个发布"日常视频"的功能，这个视频的特点是，24小时之后会自动隐藏起来，视频内容也可以比较随意，不需要跟其他视频一样精心准备内容。日常视频看起来没有什么特殊功能，但当你有了一定量的粉丝之后，它能够帮助你很好地进行自我展示。

这个功能最核心的一点就是增加信任度，或者说"秀实力"，你一定要懂得并且学会利用这个24小时的日常视频，把自己不方便在正式视频里展示的内容秀出来。

比如北大丁教授来到我们公司了，我就会拿起手机开始拍："哎，教授，今天的视频播放量很高啊……"其实我并不只是单纯地在拍丁教授，同时我也是在告诉网友"北大丁教授"是我们孵化出来的网红博主。

再比如王小宁商业演讲、李蕾，都可以通过不同的互动方式来拍日常视频。还有在直播的过程中秀业绩："哎呀，今天卖课卖了 300 万""今天卖货销售额 50 多万""昨天涨粉了 10 万"……这些都是在秀实力。

需要注意的一点是，当你在拍日常视频的时候，不用过度追求精致、完美，你只要传递信息就好了，过度追求精致反而会适得其反，因为粉丝在看你认认真真拍的视频时，多多少少会觉得你有刻意包装的成分，但你在日常视频中的状态都是比较放松的，以拉家常的形式在和屏幕前的他们交流，这种感觉会让粉丝看到更加真实、更接地气的你。

因此，在开始拍摄日常视频之前，你需要思考清楚"我想让我的用户看到什么？"同样的道理，你平时看到的视频，都是别人精心设计后想让你看到的。想清楚这句话，你就会明白其中的"玄机"，利用得当，它会让粉丝更爱你。

DOU+ 有没有必要投放

DOU+ 有用吗？可以撬动流量吗？关于这一点，我自己亲身体验过。我们公司累计投过上百万元的 DOU+，有一些是给自己的账号，有一些是给我们合作的达人，所以对此可以算得上经验丰富。

从本质上来说，投 DOU+ 这件事都是根据自己的预算而定的，那些斩钉截铁地鼓动你必须每条视频都投 DOU+ 的，基本都是在忽悠你。因为我把所有能投的方式都试过一遍，也总结出了一些经验，接下来就做一个分享。

为什么要投 DOU+

第一，平台天然喜欢付费用户或者为平台创造价值的客户，当你成为抖音的付费用户之后，后台会给你打一个标签，你的作品相应就能得到更多关照。

我给你的建议是重视自己的第一条视频，万事开头难，如果开始一炮打响了，后面就事半功倍了。所以，你要保证第一条作品是精心打磨的，而且是最有可能火爆的，然后你可以根据自己的预算投相应的 DOU+。

如果预算允许，可以多投一点，比如 500 元的 DOU+，因为刚起步阶段，大部分人都是尝试性地投，一般金额都不会太高，而你一上来就比别人高，平台就会关注你，认为你比别人有钱，那么你就可能成为平台的目标用户，因为投 DOU+ 就是在向平台充值，平台系统也会默认你在认真地做这件事。

第二，如果你是"人民币玩家"，愿意花钱让涨粉速度快一些也可以。但是一定要保证你的内容真的值得投，这样你就可以通过投钱加快获取精准粉丝的速度。给自己设定一个预算，比如，你想涨到一万粉丝，你内心可以接受花一万块钱达到这个目标。多发几条作品，测试出涨粉成本在一块钱左右的视频，直接按照 500 元、1000 元、3000 元的金额去投即可。如果你有好的变现模式和产品，花钱一定是最快拿到结果的方式。

第三，付费玩家成功率更高，因为当你的投入越大，你就会越用心地去做这件事。比如健身，很多人一时冲动办了一张健身卡，但是后面坚持下去的次数屈指可数，都难逃报名即放弃的结局。但是如果你找了一位私教，你才可能认真去做这件事，所以投入越大越重视，因此也就更容易成功。

什么样的作品值得投 DOU+

经常有达人问我,什么样的作品适合买推广。在抖音平台,就是买 DOU+。

我的观点是,能火的视频,你不买推广它也能火。不能火的视频,你买了推广它也火不了,只是白白浪费钱而已。

依照这个思路,你就能清晰地作出判断了。在你没有多少粉丝的时候,哪些作品你应该买推广呢?

主要判断标准,是你自己觉得很满意的。你不妨对照我们在上一章所讲到的一些爆款标准来进行评估,看看它是否有成为爆款的潜力。如果它很大程度上符合这些标准,你就适当地花钱进行推广。

此外,适合投 DOU+ 的,还有以下情况。

第一,能带来精准粉丝的视频

值不值得投 DOU+ 的感知力,是从经验中获取的。当你投得多了,在留言区、评论区和私信中可以感觉出来。如果大部分用户都给了你正向反馈,你就可以而且应该去追投 DOU+。这是一个衡量投入产出比的问题,就是你投的钱能不能赚回来。

第二,遇到点赞涨粉势头非常好的视频,果断投

这个时候投 DOU+,就是锦上添花的过程,投对了效果更爆,说不定就上热门了。最坏的结果也就是投了没什么效果,但是以目前的涨势,结果也不会太差,这个时候就是要坚决、果断。

第三,当爆款视频完成冲顶,进入停滞缓冲阶段的时候,马上追投

根据我们的经验,一般爆款视频都会经过几轮的冲顶,热度才会真的下降。如果你在第一波小高潮的时候就停止了,那就很可惜了,因为你大概率错失了后面的好几轮增长。

第四，突然增加人气的视频，要追投

抖音有所谓的"挖坟机制"，如果你坚持不懈地发视频，慢慢会发现一个现象，就是你的某一条视频刚发布的时候反响平平，不温不火，但是隔了一周或者更久一点，播放量突然就涨起来了。这个时候就要毫不犹豫地追加 DOU+。

第五，投入产出比极高的带货视频，也要追投

你如果觉得给你留言或者私信的人都是你的目标客户，而且你认为你的产出高于投入的时候，这就是一笔划算的投资。

这里强调一点，不要想当然地认为 DOU+ 能让你火，能让你火的只有你自己，只有你的好内容，让目标用户觉得有价值的内容。所以，不要迷恋 DOU+，它能给好内容增长提速，但是它不能帮烂作品。内容才是王道，如果内容真的很好，即使不投 DOU+，一样能火。

如何投 DOU+，撬动自然流量

并不是所有的视频都应该投 DOU+ 的，而且同样的钱，用不同的方式投 DOU+，效果也不一样。方法对了，可以撬动更大的流量；如果方法不对，即使花了钱也不一定有正面的作用。

所以，我们在投 DOU+ 时一定要注意一些关键事项。

首先，垃圾视频不配拥有 DOU+。

自己都看不下去的视频，不要浪费金钱去投流量，投流量是锦上添花,不是雪中送炭。

其次,涨势越凶猛的投入产出比越高。

涨势越猛的视频,投DOU+它的ROI(投资回报率)相对也更高,这种情况下,就可以到某一个阶段,比如1万粉丝,2万粉丝的节点,追投DOU+。

最后,同一条视频,用不同的账号投DOU+,效果可能会更好。这个没有任何的官方答复,是我们在自己的操作过程中总结出来的经验。不过,你未来在操作的时候可以留意一下,有时候自己给自己投DOU+跑不动流量的时候,换个账号投就好了。

如何选择DOU+的类型

当你觉得自己某个作品真的不错的时候,你可以尝试花100块钱去投放。但对于很多小白用户来说,在买DOU+的时候往往不知道选哪个,因为DOU+按照投放的目的,可以分为不同类别,比如有增加点赞评论量的,对标相似达人的,获取同城流量的,单纯涨粉的,等等。

以抖音为例,它有一个选项是"智能投放",就是你花100块钱通过它智能投放推给5000人,这5000个人就是从对你之前作品感兴趣的人中选出来的,这种转化率自然就比普通的随机投放的要高。

个人建议在投放DOU+时不要只以涨粉为目的,因为买来的粉丝基本都不是你的目标客户。抖音流量相对优质的流量就是"达人相似",投DOU+一般100元可以买5000的播放量;如果推"达人相似"的选项,它也许只能增加2500的播放量,但这些看到你视频的用户会相对精准一些,DOU+的效率自然会更高。

如果你希望吸引精准粉丝,就可以选择相似达人的投放。比如说你是个英文博主,你的目标用户就是对英文感兴趣的人,当你选了相似达人的投放之后，它会让你去选 20 个头部博主，不过你花 100 块钱可能只能推荐给 2500 个人，而这 2500 个人就是你刚才选择的这些头部博主的粉丝，转化率自然就更高。

但对于小白来说，前期你可以先投 100 元的"点赞评论"选项，然后看下数据反馈怎么样。如果你觉得数据好，再去投"达人相似"，效果会更好，因为那 100 元的数据已经给你正反馈了。另外，如果你做的是同城的生意，那就投"同城流量"即可，选择让周边的人看到，才能真正达到目的。

投放的节奏

如果你有一定的经济条件，可以稍微花点钱，先变成"付费玩家"。当作品发布完 1 小时的时候，你要去看一下数据反馈，看看点赞率多少。然后要做的就是看播赞比，就是点赞数和播放数的比例。一般来说，播赞比能够达到 5% 以上，就是非常优质的内容了，到 3% 以上，你就可以花 100 块钱去进一步推广了。推广之后，你也不必花时间去看它的数据。一般推广时间是 6 小时或 12 小时，你可以等到 6 小时结束之后，再去看一看数据。

如果数据不错，比如，你买了 100 块钱的 DOU+，视频一般情况下可能会推广给 5000 人。有时候你可能会发现它被推广给了 7000 人，而且很可能点赞率还超过了 3%，那么说明数据就比较好，不妨再投放 100 元的推广试试。

我们之前提到过流量池的概念，所以，这里也有一个小技巧：当你觉得你将要进入下一个流量池的时候，结果播放量卡住不涨了，可以再投放一点推广，让播放量冲上去。

如果播赞比为 1% 甚至更低，这种情况就要果断放弃，好好做下一条视频，不要有执念，觉得"这条挺好的，为什么没火呢"，要相信数据，因为这个数据就是用户选择的真实反映，理智投放，不要浪费。

投放的时间

投放的时间并没有太多的讲究。你可以在发布作品的第一时间投放，或者你觉得它的数据涨不动了再投放。

但涨不动也分两种情况：一种是数据不好，说明不受欢迎，这种情况还是不要选择投放了；另一种情况是数据很好，而你想从目前的流量池更进一步，升级到下一个流量池的时候，刚好卡在要过不过的阶段，你不死心还想再试试。比如你的一个作品有10万次播放，有3000个赞。这个时候你可以试试，需要记住的一点是，推广功能只是锦上添花。

这里分享两个案例：

"蜗牛叔叔讲绘本"这个账号，前期卖的是个49.9元的书盒，这个产品我们是用种草的方式挂在短视频下面，然后就去投放这个短视频，有时候投1000元DOU+，能卖出两三万元。然后把这些付费用户引导入粉丝群，再去转化更高客单价的产品。这就是巧用DOU+去投放作品，然后卖低价产品，最后再去转化客单价更高的产品。另一个账号是"桂先学姐（北大姐妹花）家庭教育"，当时卖的是关于学习方法的录播课程，价值99元。她就通过不断地投放短视频，结果一天就卖了300多单。

给直播间投流

还有一种方式，就是利用推广给直播间增加热度，也就是把流量投给直播间，而不是投给某条短视频，这种方法很多电商都在运用。当你花1万块钱买DOU+把用户引进直播间时，进来的这些人哪怕不是你的粉丝，但也有可能对产品感兴趣。当然，如果你不是电商，或者没有足够丰富或优质的产品，这个方案就要慎用，因为最大的可能就是赔了夫人又折兵。

现在抖音平台还有一个打法叫作"直播流"，这个是适合机构的玩法。

就是你在直播的时候，把你的直播间直接推到视频流里，网友在刷抖音的过程中，就有可能会刷到你的直播间。

投放没问题，但最终还是要回归核心问题，关注内容，专注内容，不断地优化内容，等你内容做好了之后，爆款自然就出现了，流量自然就来了。

外挂有效，但不是万能的

DOU+和快手推广券就是平台开发出来，帮助用户推广自己作品的功能。但是需要注意的是，你不能仅靠这些平台，只花钱不好好做内容，是不可能长久的。所有的一切都是建立在你本身内容就很棒的基础上，才有可能通过DOU+的投放，或者快手推广券的助推，获得更多的流量，让更多的人看到。

所以，DOU+和快手推广券只是锦上添花，并不能力挽狂澜。如果你的作品不好，即使通过外部手段推给了别人，别人也不会给你点赞。

以抖音平台为例，你花钱买了5万的曝光量，但这5万个人对你的作品一点兴趣也没有，刚看到就划走了，那这些推广费就是白白浪费的。所以，我们经常劝告新手博主，前期尽量少花钱买流量，因为像抖音和快手这种去中心化的平台，最核心的还是要靠内容吸引粉丝。钱解决不了内容不好的根本问题。

除非你是专业的团队，经过前期一系列周密严谨的"策划—提纲—脚本—拍摄—后期"等专业的制作，真的是像拍电影的形式制作出来的精品，而且你对自己的作品非常自信，你才可以大胆地花钱投流。这就类似一些电商类视频的玩法，这类短视频可以通过砸钱，一上来就高举高打，用资金撬动流量，效果经常也不错。但是，你要记住，这种情况是有技术、金钱、才华等门槛的，不是随便就都能一步到位的。当你对自己的作品以及实力还没达到足够的信心时，建议不要冒险。

如果你只是一个普通而平凡的博主，或者是你自己独立在做这个事，背后没有公司或者投资人给你资金支持，建议你还是先优化内容，把基础夯实。

当然，也不是说你没做出来之前，一分钱都不要花。恰恰相反，其实在你最开始运营账号的时候，应该花点钱，成为平台的"付费用户"。接下来，你这个账号发的视频，可能就会在不知不觉中享受各方面的优待。

总之，不要盲目地依赖DOU+，从来没有哪个视频，是只靠投钱就能火起来的。当你的内容真的好的时候再投，这样才能事半功倍。如果内容不够好，一定要静下心来寻找好的选题，打磨内容。

控制自己的欲望，因为对于不够好的内容而言，你投的每一分钱都是冤枉钱。

避坑指南：做短视频一定不能进入的误区

以下是我做短视频IP孵化以来，所总结的一些误区，避开这些误区，你会少走很多弯路。

第一，只看不做

有很多人把网络上所有的相关课程都学了个遍，学了很多做短视频的课程，今天听这个人说几句，明天听那个人说几句，不停地记笔记，显得很认真，但是一直没有真正去行动。

做抖音最重要的就是行动，一定要拍视频，只有在不断地拍摄过程中不断调整和总结，才有可能找到你真正想要的答案，找到你的目标客户，不要迷恋学习而不行动，要在行动中去改善和提升，行动起来！

第二，突破规则

还有一些人喜欢跟平台对着干，在规则边缘疯狂地试探，平台禁止的内容他非要拍，这就是对自己不负责的表现。

不要存有任何侥幸心理，做抖音、短视频以及IP最重要的是安全，一定要把安全放在第一位，在规则内去尽情发挥你的才华。

第三，不谋而动

这是很多大博主都会犯的错误。

我的一个朋友，曾经花了几百万元的成本做了一大堆剧情号，有的账号运营到几百万粉丝，但是最后转化变现的效果却特别差。刚开始的时候，的确能接到一点广告，但是到后面就已经很难维持运转，最后销声匿迹了。所以，如果你还没想好自己的变现路径，想着走一步看一步，先涨粉再变现，我可以肯定地告诉你，这个观念是错误的。

就像我在第一部分所说的，你必须先想好自己的商业定位（卖什么、卖给谁、怎么卖），再开始你的短视频之旅，才不会走弯路。哪怕你只有1000

个粉丝，也应该明确自己变现的方式，开始挖掘目标用户，并想办法让他们对你的产品感兴趣，在这个过程中不断去测试，从而优化你的变现路径。

当你的变现路径跑通之后，再去加大力度找流量，这样找到的流量就不会被浪费。

第四，乱追热点

盲目地追求流量、点赞、播放数这些数据，在运营抖音账号的前期会让人迷失。我在前文也分享了一些追热点的方式，因为这确实是一个非常好用的涨粉技巧，但我也一直强调，不要去胡乱地蹭热点。

我发现，很多人都会犯乱追热点的错误，为了跟风，拍一些和自己的账号定位毫无关联的内容，这样不仅会破坏你账号的垂直性和差异性，还会降低你账号的认知度和价值感。

除非你就是想做一个泛化的、找不到精准粉丝的账号，否则，你的视频应该和你的定位密切相关，哪怕追热点，也必须结合你所在领域的专业知识。而泛化的账号其实毫无意义，因为它的影响力和变现能力往往都会非常差。

作为普通用户，一定要记住，不管追什么热点，都要在最后拉回来，要把热点和你所在的专业相结合，这样才能体现你的专家人设。

第五，唯数据论

作为一名新手用户，不要过度关注数据。如果内容没有拍好，它的数据肯定不会好，所以，你的所有精力应该放在怎么提升内容品质上面，放在如何把视频拍得更有价值上，而不是把注意力放在数据上，不要因为数据上不去而焦虑不安。太关注数据，很容易打击你在"新手期"的自信心，因而最终放弃拍短视频。

　　新手拍短视频的心态应该是把每一条视频都当作传单发出去，如果能带来获客最好，如果没有获客也不要灰心。关注内容本身，这条不行，再专注地把下一条视频拍好。

　　以上五点内容，就是很多短视频创作者容易进入的误区。对于短视频创作者来说，最重要的一点就是调整好自己的心态，要把运营短视频这件事从时间维度上拉长来看待，不要因为急功近利，最后导致一叶障目。

　　做时间的朋友，你一定会拿到自己想要的结果。

如何判断自己是否被平台限制流量

　　很多人辛辛苦苦拍了视频，等着上热门呢，结果根本没多少播放量，他就会怀疑："哎，我是不是被限流了？"然后心态就崩了。久而久之，觉得自己被平台针对了，干脆放弃。

　　其实，大部分情况下，如果你没有违反抖音的规定，都是不会被限流的。如果你发现你的视频没有出现违禁词、不好的内容，播放量还不高，那只有一个原因，就是内容不够好。

　　我给大家一个判断标准：当你觉得自己的视频被限制流量，但是你又觉得没有出现违禁词，也没有什么不应该的东西露出时，你可以做一个测试，就是去给这个视频买推广。官方平台，不管是抖音还是快手，都可以去买

DOU+、买快手推广券，你只要能买，就说明这个视频没有被限制流量。

那为什么流量那么差呢？因为你这条视频拍得不好。

你应该做什么呢？就不要纠结了，唯一的方法就是承认自己的内容不够好，在优化以后重新拍摄。

你我都是普通人，但普通人和平庸的人不一样，相信自己不平庸，这一点至关重要。在自己成功的路上必须具备的一项品质就是坚持，如果要通过数据来量化这个坚持的过程，那就先坚持3个月，拍满100条视频，每一条视频都按照高质量、高标准去完成，坚持拍摄，不断调整，相信你一定可以成功。

我们都是普通人，但是普通人和平庸的人不一样，如果你相信自己不平庸，你就不是平庸的人。

怎样与粉丝互动才能增加粉丝黏性

跟粉丝互动，这是每一个做自媒体的博主必须要完成的一件事情。博主和粉丝进行良好的互动，可以帮助你真正把粉丝沉淀下来，让他们相信你、认可你，成为你的忠实用户。

第一种，评论区互动

当你刚开始做短视频的时候，每一条评论都要尽量去回复。当你慢慢做大了，时间和精力都不够了，你无法注意到每一条私信，这时可以根据实际情况进行调整。但是在前期，但凡给你评论的，你都要尽力去回复，这是你培养忠粉的阶段。

如果有恶意抹黑你的喷子出现，你也不用着急，更不用愤怒。可以先稳住阵脚，持观望态度，评论区的其他人如果看不过去，会帮助你去解释或者反驳，这样，你评论区的活跃度就高了。但是，一定要注意做好监控工作，防止事态恶化，这个度的把握很关键。

还有一点，要认真回复有价值的评论，这样粉丝会觉得自己的声音被听到。每个人发表意见以后，他都想被别人听到，这是你涨粉和提高粉丝质量的有效手段。

针对黑粉、喷子，最重要的是你的心态一定要调整好。首先，你要相信喷子也是在变相地帮你，他是在通过"一己之力"炒热你的评论区，助推你的视频加速火起来。

其次，当喷子在喷你的时候，你可以回他三个桃心或者回三个拥抱的表情，一般都会打他个措手不及，因为他已经开启战斗模式，却收到你的三个拥抱，就像一拳打在棉花上，有力使不上的感觉，而且评论区的粉丝也会看到你的涵养、格局和淡定的态度，反而有利于你的形象塑造。

总之记住一点，当你决定要通过流量来打造 IP，或者通过流量去发声、去影响更多人的时候，一定会遇到喷子，这种情况几乎是一定会出现的，所以心态一定要调整好。

第二种，私信互动

发私信，其实是一件挺麻烦的事情，但凡别人给你发私信，说明他一定是真的有诉求，才会不嫌麻烦想私下和你沟通，所以私信就是你第一个跟粉丝建立亲密连接的方式。另外，私信也是你建立自己私域流量的方式，现在平台和平台之间一般互有忌惮，比如字节跳动跟快手，腾讯跟阿里巴巴，往往会相互屏蔽。所以，在短视频平台，不管是抖音还是快手，如果你要在评论区留微信号，要非常谨慎，平台很可能会限制你视频的流量，甚至给你的账号关小黑屋。

相比之下，私信监管就没有那么严格，但依然要注意不要大张旗鼓，比如别人私信问了你一个问题，你不要直接说"加我微信"，你可以换一种委婉的方式，用字母缩写来表达，明白的人一眼就能看懂，他如果有需求自然就会加你微信。在导入你的私域流量之后，你再去做转化也好，一对一沟通也好，都要方便高效很多，因为你和粉丝之间的距离拉近了，相互之间的关系黏度也增强了，这个互动效果是事半功倍的。

不过要切记一点，导流这件事一定不能大张旗鼓，要低调行事。

第三种，视频答疑

视频答疑要提前做好设计，不是说问你什么问题你都要去回复。我给你介绍两种方式：

一种是统一回复私信和评论区的留言，让大家觉得他的声音被你听到了，我们以前有个节目叫《英语啪啪啪》，每天节目开始的环节就是念前一天网友的留言。

另一种方式，如果没有那么多人问你问题的时候，你可以单独做一期节目，录一个视频"Q&A"问与答模式的节目，比如你是一个英语老师，你可以说"最近有很多同学问我关于什么的问题，我觉得这种形式很好，大家如果想了解关于英语学习的困惑，在这条视频下留言，我会录制视频来回复你们"。

这些问题不一定是粉丝提的，但你为了达成你想讲的东西，可以把它设计成一个"Q&A",这样会引导大家按照你设定好的方向去发展。所以说,视频答疑是要提前做好设计的。

第四种,直播互动

当你积累到一定粉丝量之后,就要开始准备做直播了,直播是变现最快速的方式,所以你要在一开始的时候就把直播这个目标给树立起来。而且在有一定粉丝基础后,直播要趁早。

当你的粉丝人数达到1000~10000人的时候,就可以开始直播了。在人少的时候,可以先大胆地练习直播。

不管你是要卖货也好,还是要打造粉丝团、树立影响力也好,这些都得在直播间才能实现,因为短视频只有十几秒、几十秒,很多时候其实讲不清楚你想表达的东西,而直播间就相当于你的一个公开讲座。你可以把短视频想象成你在向这个世界发传单,传单是要把人引到你的公开课来,你的直播间就是你的公开课。

在直播的时候,需要注意几点。

第一点,注意你的情绪,直播的时候必须保持情绪饱满的状态,让人感受到真实的你,并一定要激情澎湃,如果你自己都提不起兴趣,那就更别提影响别人了。

第二点,优秀的带货主播基本功就是嘴不停,比如李佳琦,他直播的时候嘴巴几乎是不停的,情绪都是非常饱满亢奋的,但是知识博主或者一些新手主播,很多时候放不开,这样直播间就很容易冷场,带货的效果自然就不用说了。

第三点,多看娱乐博主是怎么做的,看看那些电商、大玩家是怎么玩的,他们的直播间价格是怎么设定的,学习他们直播的套路,这些都是非常实用且高效的方法。跟娱乐主播学玩法,跟电商主播学套路。

关于如何直播，我们将在后文，即第三部分讲到。

第五种，线下互动

当你的粉丝多到一定数量，并且你和粉丝之间已经建立了不错的信任度，在时机合适的情况下，甚至可以举办线下的聚会和沙龙。先策划好某个大家感兴趣的主题，大家面对面交流，在真实的场景中沟通，更能拉近彼此的距离。

在此分享一下我自己的成长经历。

2014年，我在优酷上面给ABC做了一档节目，然后把它发到微博上去，因此积累了第一波粉丝。我们会收到粉丝们的私信和评论，然后及时回复他们，给他们反馈，与他们互动。再后来我在喜马拉雅上面做了一档双语脱口秀节目，这个节目差不多录了4年，也是我们拥有粉丝最多的一档节目。当时的微信公众号，就是从这个节目导流到我们自己的个人公众号平台的，粉丝有将近50万人。

我们把前面说的和粉丝互动的五种方式，能做的全做了。后来我们还在北京、上海、广州做过线下见面会，而且是收费的，当时是收100元的报名费，不过当场就会全部花掉，请大家一起聚餐。

我们真的去尝试了所有能跟粉丝去互动的方式，也总结出一些经验，比如把粉丝导流到你的微信公众号上还是不够的，因为他经常看不到你，所以我们当时把粉丝转变成了"私域流量"。当时我的个人微信有五六个，每一个微信都加满了5000人。当粉丝加了你的个人微信之后，就会觉得跟你的距离很近，而且我还经常在朋友圈做一些互动的栏目，解惑、回答问题，偶尔逢年过节抽一些人去跟他打语音电话……我的微信朋友圈小号就是这么做起来的，而且转化率非常高。

第六章

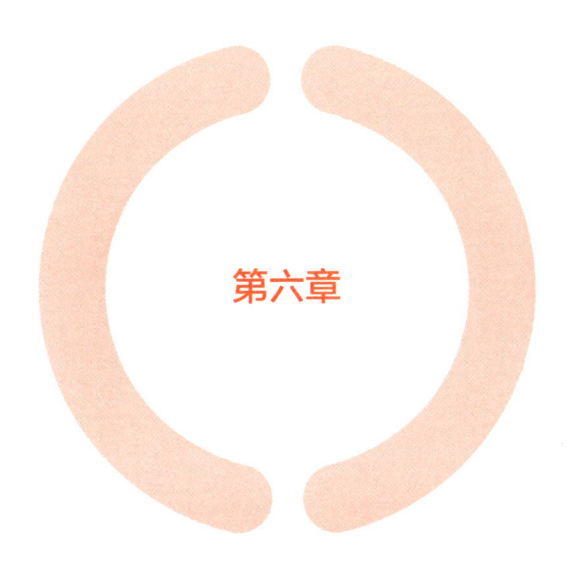

13天短视频训练：
手把手教你拍出第一个爆款

我们 2021 年曾经发起过一个短视频操盘手训练营，有数万人付费参加，这个课程帮助很多行业的创业者开启了自己的短视频创业之路，很多学员因为这个训练营取得了很好的成绩。到今天为止，我经常还能收到学员们的私信和留言，表达他们的感谢。有人说，这个课程是抖音上影响力最大的课程之一。

之所以取名为操盘手训练营，就是为了让大家忘掉自己的专业，把自己放在一个操盘手的角度去学习短视频营销，真正掌握短视频的底层传播逻辑。

在本章中，我将通过文字带你进行 13 天的短视频训练，就好比邀请你加入我的训练营，和我一起努力拍摄。

我会将我在前文所讲到的短视频方法进行最简略、最精准的总结和梳理。只要按照我说的步骤去做，就能拍出一条你自己满意的作品，持续拍摄，就能达成自己的目标。

第一天：为什么你的短视频不火

当你在刷短视频的时候，可能会发现有些人长得没你好，讲得没你好，也没有你专业，但是点赞比你多，粉丝比你多，在短视频平台上的收入是你的 10 倍甚至 100 倍。这个时候你可能就会疑惑了，为什么这么不专业的人也能有这么多人关注？甚至你可能会觉得他在胡说八道，但他就是获得了大量的粉丝支持。

还有很多在各自领域都非常专业的人，一开始精心筹划拍短视频，满怀期待地发布了，结果无人问津，他们也经常困惑："我讲得挺好的，为什么没有赞呢？"

这里就牵扯出一个常识：如果想要在抖音上获得成绩，你必须拥有两个能力，一个是专业能力，另一个是短视频营销能力。

只有专业能力在抖音上还不够，因为你越专业就越容易被自己的专业束缚。

除了本身的专业知识，你必须还要有短视频营销能力，那些看上去比你差，讲得没有你好，甚至长得没有你好的人，他的专业能力可能只有 2 分、3 分，但是他的短视频营销能力是 5 分。为什么我服务的一些客户往往能快速获得流量？我也进行了分析与复盘，我发现，他们本身就是自己所在专业领域的专家，他们的专业能力可能是 4 分、5 分，再加上我的短视频营销能力，就出现爆发式地增长了。

比如我们孵化的北大丁教授、申怡读书、李蕾等这些大咖，他们都是在现实生活中取得很大成就的人。但跟大家一样，他们最开始做短视频的时候，也和所有刚开始涉足短视频领域的新人一样打不开局面。北大丁教授最开始的时候签了一个 MCN① 机构，做了 6 个月，粉丝只涨了 400 个，老爷子很郁闷，找他的学生"歪果仁研究协会"的 CEO 方叶顿商量解决之法，叶顿把我引荐给了丁教授。

丁教授骑着他的自行车来到了我的办公室。我们聊了半个小时，有种相见恨晚的感觉，当即同意按照我的想法和意见来操作。我给他拍了 4 条作品，发布之后很快就涨了 5 万粉丝。

申怡老师曾是人大附中的语文学科带头人，也是高考阅卷组组长。刚开始做短视频时也没有头绪，我给她拍的第一个作品就超过了 18 万赞。李蕾老师是央视的主持人，采访过中国几乎所有的文化名人，她的团队前期也没有找到短视频的流量泉眼，我研究之后给她拍了几条视频，现在也运营得很不错。我记得有一条视频是讲她采访的名人中印象最深刻的事儿，刷爆了朋友圈，成了视频号的大热门。

无论你是专家教授、企业创始人、健身教练、地产销售，还是个体户，只要你想打造个人 IP，获取关注，获取粉丝，都要有流量思维和短视频营销能力。我的短视频操盘手训练营有一个"魔咒"，就是越骄傲、越自以为是的人来到这个训练营里，最后越是什么也得不到；越是"小白"，把自己清空得越干净的人，最后学得最好，收获最大。所以，把自己的心态放下来，怀着空杯心态，将自己已经拥有的套路先放到一边，开始学习短视频营销能力，尝试拥有流量思维。

古人经常说"水低成海"，因为水把自己的姿态放得足够低，所以最后成了浩瀚无垠的大海。当我们遇到在某个领域的专家和牛人的时候，一定要抱着一颗谦卑的心去虚心学习，这样，我们一定会变得越来越好。

---

① MCN 就像是一个中间商，上游对接优质内容，下游寻找推广平台变现。国外的 MCN 早期以经纪模式为主，帮助视频红人变现。而国内的 MCN 模式不同，机构只需要和内容生产者对接上，内容生产者专心做内容，MCN 机构帮你包装、营销、推广和变现。

抖音本质上是"去中心化"的平台。这样的平台是不会允许几个头部或者一小部分的人把钱全赚了，所以人人平等，每个人都有机会。利用短视频创业可能是近 10 年来投入最小但回报率最高的创业方式。在此之前，如果你想开个淘宝店、天猫店或者线下实体店，没个几十万元，很难成事。你就是摆地摊，怎么也得投入小 10 万元。但是抖音只需要一部手机，你每天愿意为这件事情花 3 小时，连续做 3 个月，就一定能收获结果。

以前刷抖音的时候，你的时间基本都浪费在了看别人的作品上，为此可能还浪费了大量的时间。从今天开始，你要转变思维，从一个旁观者成为抖音创作者和抖音创业者。

抖音的市场太大了，看似人人都有机会。在此之前，你可能也在做抖音，但是为什么一直不成功呢？因为很多人都会有这样一种心态：做抖音看似零门槛，只要一部手机，是个人都可以随手拍短视频，直播也是随时随地就可以进行。但这只是一种玩票心态，这个行业还是有很多隐性门槛的，如果真的想做好，需要有人给你专业的指导，带着你拍视频、总结经验、提升技能、边学边做，在实践中成长。如果能坚持下来，你成功的概率就会大很多。

现在，拿出纸笔。

首先，写下你接下来 13 天的目标，比如这 13 天你想通过训练达到一个什么目标。

其次，写下未来 101 天的目标，为什么是 101 天？如果每天付出 1 分努力，可以得到 1 分，而获得成功要付出 100 分的努力，我们愿意付出 101 分。

我特别喜欢日本著名企业家稻盛和夫，他说过一句话叫"付出不亚于任何人的努力"，所以设定一个 101 天的目标，给自己 3 个月的时间真正投入短视频里。我看到了太多的素人博主，他们并没有比别人多优秀，就只是做到了一件事——坚持，只要你能坚持下来，你就能打败 99% 的人。

最后，写下自己未来 3 年想要达成的目标，这是你接下来行动的指路明灯，当你迷茫的时候，它是指引你行动的大目标。

第二天：找到你的定位

很多人拍视频都会非常迷茫，不知道该拍什么，也不知道如何选题。出现这些情况是因为你没有给自己做好定位，只有你做好定位，之后才会顺畅。本节分享一个方法，让你有拍不完的选题，文思泉涌，每天都能拍出 10 个视频，你想知道吗？

第一，锁定你的目标用户

如果你不知道如何定位，首先思考一个问题，你的目标用户是谁？比如宝妈、创业者或者年轻女孩等，找到后用纸笔把你的目标用户列出来。

第二，找出用户痛点

学会站在用户的角度想问题，他们关心的事就是你的选题。找出并罗列用户痛点，多少个合适呢？50 个。如果 50 个痛点都列不出来，那你在短视频这条路上就比较难坚持下去，之所以列出 50 个，就是让自己足够了解目标用户，在内容创作上有丰富的切入点，这样就有丰富的素材和多维角度去不断创作。

第三，关键词搜索

罗列出用户痛点之后，围绕这些痛点做关键词搜索。以育儿博主举例，他们的目标用户大概率就是宝妈，因为在抖音上面赚钱最多的人是宝妈。宝妈们最关心的就是孩子的各种问题，所以搜索"育儿"这个关键词，搜索结果按照点赞量排序，排名最高的那些视频就是你要优先去选择的话题。

第四，确定选题

话题选出来之后，再去和罗列出来的痛点进行对比，这一步非常关键。很多人火不了的原因就是自以为是，只讲自己想讲的东西，而不是用户需要的东西。这种自嗨的方式，在以用户为主的短视频平台上，大概率都是走不通的。你要去了解用户需要什么，当你选择的话题和痛点匹配的时候，也就找到了答案。如果你列出来的痛点都不是这些选题，那说明你的敏感度还比较弱，还需要多看多练习。

从点赞最多的话题开始改写脚本，因为火过的话题大概率会再火。搜索关键词，找阅读量、点赞率高的作为选题，可以让你未来持续稳定地输出有价值的内容，这个不是你自己自认为有价值或有意义，而是对用户有价值。

总结一下，首先，确定目标用户；其次，罗列目标用户痛点；再次搜索关键词找热点，并和痛点进行对比，选出真正能够火的选题；最后，对这些选题进行加工，开始创作。

除了以上步骤，你还需要静下心来思考自己身上最大的亮点是什么？

在你确定定位的时候，一定要找出自己与众不同的地方，你有什么值得让人记住的地方，比如学历、相貌、身材等。要刻意地给自己打造差异化，经常思考一个问题，我怎样才能与众不同？当你找到亮点时，这就是你未来可以重点打造的人设。

第三天：包装你和你的账号

当人们在刷短视频的时候，会为他们认为有价值的、有收获的或者美的、有趣的内容停留，这些受到很多人喜爱的视频，除了少数是靠运气走红，大部分其实是刻意为之、靠包装打造出来的爆款作品。

如何包装自己的账号

第一步，账号名称的包装。越红的博主，名字往往越简单易记，账号名称起得好，就能告诉别人你是干什么的，这是最关键的。比如，很多人看到读书的时候，第一反应就会想到"樊登读书"。以前很多宝妈哄孩子睡的时候第一个想到的是《一千零一夜》，现在想到的是"凯叔讲故事"。

所以，当你在给自己账号取名字的时候，要明白两点。第一点，取名不是为了自嗨，而是为了让你的观众、粉丝第一时间搜索到你。所以要简单好记，不能复杂，更不能用一些火星文等生僻的符号，人为增加难度是取名的大忌。名字还要好记，让人一眼就能记住，不要给你的潜在粉丝增加记忆负担。第二点，体现你的价值，就是别人一看名字，就知道你是做什么的，你能为他提供什么价值，这个也非常关键。

第二步，账号主页的包装。一般情况下，当别人看到你的主页的时候，说明他已经通过你的短视频作品或者搜索引擎找到了你，他不是路过，而是特地来看你的。所以千万不要忽略个人主页的价值，它是促成别人关注你的关键因素，但是很多人却不知道这一点。

首先是头像，别人在看你的主页时，首先看到的就是你的头像，所以要认认真真地准备一张符合自己人设的照片。比如，很多房产经纪人和保险经纪人，他们的头像都是一身正装，一脸正气，给人第一印象就是他很专业，这就是一张成功的头像。这里的成功，并不是说一定要把自己的照片修得多好看，而是要让你照片上的气质和你的人设相契合。

其次是名称，账号名称上面已经讲过，一个好名称能让你事半功倍。

再次是自我介绍，很多人觉得主页的自我介绍，随便写两句就好了，其实不然。主页的自我介绍是个人实力和品牌的重要背书，你在写的时候，要把你最牛的经历写出来，把你能给对方的价值全部表现出来。比如"1000名知识博主背后的男人""短视频爆款制造机""多家上市公司的新媒体咨询顾问"……总之，不要吝啬你对自己的溢美之词，要大胆表现自己，而且要认真思考你能给别人带来什么价值。这样你在写自我介绍的时候，就不会觉得这是可有可无的鸡肋了。

另外，记得在自我介绍的最后加一句话，"关注我怎么怎么样"，这也就是在告诉别人，你能给他带来什么价值。比如"关注校长粉丝暴涨""关注我成为财富的主人""关注我花少钱、买好房"……就是要不断地展现你的价值，别人才有可能在看到你主页的时候，继续选择关注你，这其实就是对你的进一步认可。

第三步，视频的包装。在视频里，你的表现力，你的妆容，你的布景，这些都非常重要，如果你是新手，不知道怎么去做，可以先去看看头部博主是怎么做的，向他们学习、取经，在后面的篇章中也会着重分析。

以上，就是关于如何包装的方法，这里再总结一下。首先，账号的名字非常重要，可能直接决定了你的账号后期是否能运营成功。其次，就是你的主页信息，一定要认真对待，每一句话都要体现你的价值，全方位地展示自己。最后就是视频的包装，这是你作品的主体。

第四天：如何拥有爆款选题能力

我曾经帮一个央视的主持人做了一个账号，这个主持人叫李蕾，当时李蕾老师已经离开央视，她在"樊登读书"有一个节目叫作《李蕾慢读》，我老婆是这个栏目的忠诚粉丝，每晚必听李蕾老师讲书。当她得知我要给李蕾老师做抖音之后，对我的崇拜之情又增加了许多。

李蕾老师做了15年的访谈类节目，采访了国内几乎你能听到的所有名人，她在这个领域是专家中的专家，她说做好访谈类节目的方法，首先是定选题，其次是表现形式，最后才是选人。

这个方法确实和做短视频不谋而合，像我做的那些上百万点赞、几千万播放量的视频，真的完全是靠博主的讲演吗？当然不是。讲得好是必备的条件，但更重要的是选题，好的选题契合大众的需求，大家想看、愿意看、喜欢看，这才是打造爆款的前提条件。在拍短视频之前，我们要忘掉自己，忘掉自己的身份，然后找到那些真正能火的选题，记住，火过的话题一定会再火！

举个例子，"樊登读书"最巅峰的时候有一个亿的粉丝矩阵，但这一个亿的粉丝矩阵是哪儿来的呢？樊登老师真的那么有名吗？我是在他做了几年之后才知道的樊登，是新东方校长问我："你知道那个'樊登读书'吗？"我才去下载了樊登，因为樊登老师在央视的时候并没有那么出名，那么樊登老师是靠什么在短视频出圈的呢？就是靠选题，樊登老师靠着50个育儿和家庭知识的选题，在抖音上获得了一亿粉丝。他们用了什么技巧呢？同一个话题，樊登老师讲的视频内容，他们通过不同的剪辑方式，剪出很多片段，然后就用这50个选题不断地发到抖音上获取流量。而樊登老师除了选题好，他讲得也真好，所以他在抖音时代获得了成功。

现在你知道选题的重要性了，那么如何才能找到好选题呢？把你所在领域的关键词输入短视频平台搜索栏，把点赞排名前 30 的作品全部罗列下来，这些就是短视频平台最容易火的选题。

第五天：如何利用爆款作品精准涨粉

你需要记住几点。第一，是"第一秒原则"，就是别人刷到你视频的第一秒，能不能被你的画面内容吸引住。第二，画面第一帧上面的标题，比如"不运动不节食，5 天减 7 斤的方法""想知道吗？做到以下三点你就可以 5 天瘦 7 斤"。第三，短视频最核心的数据是完播率，所以你要在整个过程中不断地"抛钩子"，勾着他看到最后。

第一秒，你的视频整个画面以及标题够不够吸引人，这是重中之重。很多人会在半夜刷到那种特别感人的文案，它的画面很简单，就是女孩在路灯下走，但是这个时候为什么很多人会停留呢？背景音乐，还有文案。

文案是 90% 的人都会忽略的东西，短视频最重要的文案就是视频的标题，标题是整个视频开始的那句话。上过我"298000"课的那些达人和老板为什么能火？一方面是因为我会问问题，我问的问题能勾住大家继续看下去；另一方面就是我们的标题非常吸引人，还有画面看起来很高级，所以很多人前 3 秒就被吸引着一直看下去。

所以爆款它是有一些技巧的，如果你是口播博主，在前期打好基础的时候，只需要去做到这几点就好了，比如把最重要的一句话放到最前面，让别人直接看到你的价值，让他对你产生期待、好奇，然后要学会留"钩子"，最好是能引发大家的评论，然后吸引他一步一步把整个视频看完。

其实抖音就那么几个数据，完播率、点赞率、转发率、留言率，其中最重要的就是完播率和点赞率。关于点赞率有一点很重要，这里再强调一下，就是在最后的时候要给观众一个行动指令（call to action），比如刘冠奇老师在每一条视频结尾，都会说优秀啊、点赞呐、么么哒。引导大家点赞的这个动作就叫行动指令，你如果不给这个指令，点赞率可能是30%，但如果你给了这个指令，你的点赞率可能就会达到60%，所以记住一定要去做这个动作。

对于新手小白来说，想拍出爆款作品，最简单的方式就是模仿，先模仿再超越，这可以说是一种成功的捷径。模仿一个爆款脚本，然后去优化这个爆款脚本，结合上面讲的这些小技巧，写出一个属于你的爆款脚本。

第六天：恭喜你可以拍第一条作品了

恭喜，当看到这一节的时候，你终于可以开始拍第一条作品了。

不过在开始之前，还是先来思考一个问题，当你自己在刷短视频的时候，你会为什么样的视频停留？前面已经说过就是你被视频的第一帧画面吸引住了，你才会看下去，另外你会被它的选题和文案吸引住。所以，你在拍作品的时候，要认认真真对待每一个作品，而不是一个小视频，不能按照发朋友圈的标准随便拍一下，如果你按照朋友圈的标准随便拍，你的播放量可能连 500 都很难达到。要把每一条作品都当作自己发给别人的名片，想象一下每个人看完你的视频会给你打多少分，你会给对方留下什么印象。

而在你接下来的创作之旅中，第一支作品的重要性是毋庸置疑的，这条视频将是你拍摄最认真的作品，因为现在的你已经准备了很久，写好了文案，了解了平台的各种算法，把握了用户的喜好，明白了拍什么能火，你已经做好了准备。

正式开拍之前，在这里再给几点建议，帮助你少走一些弯路。

拍摄第一条作品，你需要注意以下几点

第一，个人形象。

男生把头发剪一剪，因为男生剪完头发，自我认知会提升，因此表现力会更好；女生可以做个心仪的发型，然后化一个美妆，再穿上最喜欢的符合自己人设的衣服。这是第一步，就是个人形象的管理，因为这是你即将拍摄的第一条作品，一定要把自己的形象打造成自己最喜欢的状态，当你照镜子的时候觉得自己好帅、好漂亮的时候，你在镜头面前也会表现得更加自信。

第二，环境灯光。

拍摄的环境一定要足够整洁，不要看起来乱糟糟的，如果你在室外，也要注意不要在嘈杂的地方拍摄，这些细节很多人会忽略。为什么有的博主画质看起来非常好，其实就是打光打得好，直接导致同一款手机拍出不同的画质，所以当你在拍视频的时候，光线一定要足够亮。很多人还会忽略一个细节，就是自己的声音，这对短视频非常重要。光线、声音再加上整个环境，还有你的个人形象，这些整合在一起，决定了你视频的整体品质。

第三，情绪状态。

你有没有想过这样一个问题，就是同样的选题，同样的文案，别人拍能火，你为什么拍不火？这一般有两种情况，第一种情况是别人账号的权

重高，所以他的账号传播力比你强；但更重要的可能是第二种情况，就是你在短视频上的表现力有问题，你的演讲能力和你演讲的内容是否能打动人心？我经常在演讲最后打上两个大字——言灵，意思是当你的语言充满灵魂的时候，你才能够打动人心。

因此，你在拍短视频的时候，首先要笃定和坚信你自己讲的东西。为什么每一次我演讲的时候都表现得很自信？因为我内心相信这个事。为什么我直播的时候情绪会那么饱满？因为我内心想的是创造价值去帮助别人。当你相信你自己讲的东西是有价值的，并且能帮助到别人的时候，你的内心就有了信念感，你的情绪自然就上来了，不用刻意地去表现，不用浮夸而拙劣的演技，你只要自然地真情流露就好了，你的话自然会有灵魂注入。

当你的个人形象准备好了，当你的灯光、话筒和拍摄环境都准备好了，你还需要有饱满的情绪、自信的状态，这样才能真正拍好你的第一条作品。不过刚开始，你可能一面对镜头就会紧张，这是正常的，这个需要练习，不断地去拍摄，哪怕一段视频拍100遍，你都要坚持下来，一面对镜头呈现出非常自信、情绪非常饱满的状态。而且一定要抠每一个细节，当你每一个细节都比别人做得好一点点的时候，你就能脱颖而出。相信自己，加油！

第七天：拍完只是皮囊，剪辑才有灵魂

这一节是第七讲，看到这儿，你应该已经拍完第一条作品，正在准备后期剪辑的阶段。是不是感觉无从下手？没关系，本节就来讲一讲符合抖

音风格的合格短视频应该怎么剪辑？

一个合格的作品，最基本的标题要有，字幕要有，背景音乐要有，节奏要快，再加上一些符合抖音风格的包装，这才算是一条完整的短视频作品。抖音已经把剪辑门槛降到了最低，只需要一部手机就可以剪辑出一个优秀的作品。你可以在手机的应用商店去下载"剪映 App"，在这个软件里，剪辑只是基本操作，还可以一键成片、图文、拍摄、录屏，甚至还有创作脚本等功能，如果不会用，可以去创作者学院找剪辑的入门课程，里面有剪映小助手的免费课程。

这里做个简单的操作讲解，首先打开剪映 App，进入主页面，点击"开始创作"就可以开始剪辑了。然后可以看到剪映直接打开了手机的相册和剪映的素材库。接下来记住"剪辑六步"：第一步粗剪，第二步包装，第三步调色，第四步处理音频，第五步加字幕，第六步导出。而剪映就是用这六步把剪辑简单化、傻瓜化，任何一个小白用户，只要经过简单的练习就能学会。

剪辑实操案例

"抖音上卖什么最赚钱呢？卖课。2020 年一个普通的语文老师在抖音上卖课赚了 3500 万元，彻底改变了命运。2021 年 3 月一位英语老师卖课赚了 1300 万元，2021 年 4 月樊登老师卖读书会会员卖了几千万元，知识付费成了抖音上最赚钱的项目之一。如果你也想通过抖音卖课赚钱，记得搜索抖音官方的知识付费平台学浪，申请成为学浪的老师就可以卖课赚钱了。2021 年会出现年入过亿的老师，这个人会是你吗？"

这是一段我们录的视频，接下来开始初剪，把一些眼睛看文稿和断句、换气的切口都剪掉（小提示：当你在录视频的时候，每说完一段词记得停顿一下，这样后期剪起来的时候会更容易衔接）。第一步初剪完成后，第二步给它加一些包装，比如在"卖课"价格后面强调效果。第三步给视频调一下基本色彩，前期不建议加太多滤镜，滤镜会影响画质。第四步处理音频，在别人刷到你视频的时候，你的声音够大，也会更吸引人，所以把音量选项调大一些。第五步加字幕，只需要点击文本识别字幕，它就会自动识别并生成对应的字幕，而且还可以选择不同的字体和字号，这个功能非常方便实用。第六步就是导出，点击右上角的导出键，它直接会导出你设置的高清1080P的清晰度，然后点击完成。这就是一条作品生产的全部过程。怎么样，你学会了吗？

复盘和思考

做抖音不要盲目地往前冲，相比于马不停蹄地奔跑，我认为更重要的是停下来，去思考和复盘。

经过过去7天的学习和实操，你已经拍出了这次训练营的第一条作品，现在你要以一个第三者的角度好好看一下自己的作品，不要带入自我情感，把这个视频当作你在抖音上刷到的一个陌生人的作品，你以观众的角度来看这个视频表现得好与不好的地方，然后全部记录下来，由此形成一个对自己作品相对公正、客观的理性评价。

只有知道自己哪些地方存在不足，需要提升，我们才能通过刻意练习，然后把自己变得更好。冰冻三尺非一日之寒，短视频也不是一两天就能做好的，如果你想把短视频拍得越来越好，想把直播做得越来越好，就需要定期给自己的短视频作品和直播做复盘，找到自己优秀的值得继续发扬的地方，更重要的是找到自己做得不好需要修正的问题，然后下一次做得更好。鸡蛋只有从内部打破才能孵出健康的小鸡，想要真正提升就得靠自己找出问题，自我突破、自我提升。

当然，除了给自己找碴儿，你可以看看别的优秀作品有哪些优点，多去学习借鉴，还可以找一些被炮轰的博主，看到他人身上的缺点，反思自己身上是否也有这种问题，学会以人为鉴，看到自己身上的不足。只有保持永不满足、永不自满、永不止步的学习态度，不断提升自己，才能真正拍出好的作品，你才有机会拍出真正的爆款。

第八天：重拍一遍

经过上一节思考和复盘，相信你已经准备好拍下一条内容了。但是这里还是要再按一下暂停键，上节讲到当你发现自己的优点之后，就要继续发扬，发现缺点就要修正。这一节的任务就是重拍一遍。

对，你没看错。上一条作品，也就是你的第一条作品，不管你是觉得表现力不够好，还是文案的结构需要调整优化，又或者是你对自己的妆容、收音和环境不满意……没关系，统统不重要，再给自己一次机会。

还是用同样的话题，同样的框架，用更完美的呈现方式，去把它重新拍一遍，这就是本节的任务。先别焦虑，也别烦躁，只有这样不断地练习，不断地调整，你才有可能真正拍出好作品，相信你一定能超越自己，期待你全新的作品。

第九天：让自己成为一名导师

恭喜，在这一节你有了一个全新的身份，就是实习导师。

经过前面系统的学习，经过重拍的磨砺，你现在要做的一件事情，就是把自己的身份变成一位导师，然后去审阅其他人的作品，并发表自己的观点和意见。

其实这还是在训练你复盘的能力，因为不管你怎么克制自己，当你在看自己的作品时，多少还是会带入自己的主观意识和感性情绪。但是当你真正站在第三者的角度去看、去评价、去感受别人作品的时候，就是一个真正冷静、客观的自我审视过程，这是复盘最重要的环节之一。

第十天：打动人心，引发共鸣

经过上面的九节内容，你已经完成了一个从0到1的闭环：账号定位—学习爆款—包装主页—创作文案—拍摄作品—复盘总结—重新拍摄。你完成了一次从0到1的短视频创作之旅。这一节将会是一个全新的开始。

结合我多年做自媒体的经历，在这里分享一个比较重要的经验，叫作"打动人心，引发共鸣"。那些真正能够引发大众传播，刷爆朋友圈，点赞100万以上的作品，一定是做到了这八个字。很多人通过讲述自己的故事，实现了粉丝暴涨，比如说英语雪梨老师，她就是一个普通女孩，就像你我一样，都是普通人。但是她做了一个题为"普通女孩的十年"的作品，涨了300万粉丝，而且这一个作品让她在抖音月收入超过1300万元人民币。所以，这一节的内容就是要给你提出一个挑战：花一段时间思考你过去的人生，然后把你的人生故事浓缩成为一个60～180秒的故事。

3分钟，说出你的人生故事

为什么是1～3分钟，之前不是说越短越好吗？因为随着短视频平台的发展，接下来中长视频将会成为抖音主推的视频形式。这个逻辑也很容易理解，因为所有的视频网站都在抢占用户的注意力，以前的长视频对用户体验的心理压力太大，负荷太重，现在人们已经越来越难把自己大块时间长期稳定地给一个平台或者一个账号了。现在正当红的短视频领域，虽然效果很好，但随着竞争的白热化，也渐渐出现内卷化的疲态了，内容越来越同质化，或者很多只是为了博人眼球，干货越来越少，视频的价值感正在逐步降低，而一个事情或者一个道理要说清楚，十几秒或者几十秒的短视频确实也很难承载。所以未来谁能够生产优质的中长视频，谁就有可能在抖音获得最后的胜利，这就是视频要超过60秒的原因。

接下来你就要思考在你过去的人生当中，有哪些经历是能够打动人心的，有哪些经历是能让人们为你竖起大拇指点赞的。不需要看别人的脚本，就是把你自己的故事用心写出来。就像我之前提到的"言灵"，就是你的语言要有灵魂，这样才能打动人心。当你完成初稿之后，记得要反复修改，把语言修改得越精练越好，千万不要啰唆。改完之后，再读一遍，捋一下稿，过程当中有卡壳的地方，就继续修改，直到改顺为止。

提醒一句，当你的故事写完之后，在短视频里依然要靠一句话去吸引住大家，所以故事开头的那一句话非常重要，一定要反复琢磨、推敲。就是要把你的人生故事浓缩成一句标题，这个标题就是吸引大家看完你这个故事的关键。

最后总结一下，先写好你的故事，然后修改，改好之后用念读的方式顺稿，定稿之后再给故事起一个标题，标题很重要，一定要反复斟酌。期待你的作品。

第十一天：目中无人，心中有人

什么叫"目中无人，心中有人"？我之前讲过，就是当你准备好文稿之后，你要达到闭着眼睛也能把文稿熟记于心的状态，这个练习方法成就了很多演讲大师。

很多人说我的表现力爆棚，说我的短视频非常有感染力，这是因为我在上学的时候练习中英文演讲时，学会了这个秘籍。当我把文稿熟记于心之后，闭上眼睛去想象下面坐着1000个人、10000个人在听我演讲，感受他们期待的眼神、掌声、欢呼声，等情绪酝酿起来之后，就开始自己的表演。

拍短视频也是一样，你要学会自嗨。因为当你面对镜头的时候，你会觉得那就是一个冰冷的机器，当你闭上眼睛按照我刚才讲的方法练习的时候，情绪就容易到位，而我一再强调短视频的核心就是情绪，就是你表现出来的情绪，以及是否能挑动观众的情绪。

有的人不但做不到自嗨，面对镜头的时候反而会害羞，其实你不用担心。事实上几乎所有的高阶演讲者，在上台之前都是紧张的，因为适当的紧张感反而会让人发挥更好，敬畏舞台的人多多少少都会紧张。演讲这件事是要用你的思想去影响别人，让别人跟着你的想法走，这需要一个强大的能量，你必须情绪饱满、激情四射，否则不会有人被你影响。所以适当的紧张感是正确的状态，会演讲的人上台前或许都会紧张，但他们有方法来舒缓这种压力和紧张感，比如他们可能会闭上眼，然后充满信念感地站上台去。信念感很重要，你说的内容是否对别人有用，能不能帮助到别人，会不会激励到别人，这个非常关键。所以当你在熟背文稿的时候，要把信念感放进去，然后闭上眼睛去感受，酝酿情绪，然后让这股情绪冲出来，透过屏幕让大家感受到，这样你的故事就会打动人心。

第十二天：再重来一遍

能坚持看到这里，相信你已经拍出了比较满意的作品了。不过还是要给你泼一盆凉水，就是你昨天满意的版本，今天再看的时候，可能就会有不同的感受，可能你会觉得没有昨天认为的那么好了，记住这个感受，把自认为不好的地方记下来，然后再拍一遍……

看到这儿，你的情绪可能会有点崩溃，这不是折磨人吗？一遍一遍地重来，什么时候是个头？没办法，现实就是很残酷的，好作品都是一遍一遍磨出来的，没有随随便便的成功，你要相信你现在的每一次受苦都是在为日后的强大做铺垫、夯地基。当你一个视频拍了几十遍，已经拍到没有情绪、没有感觉的时候，这时候就可以暂时先停下来，过半天再重新去感受和酝酿情绪，这个时候往往一下就表现到位了，你会发现一个全新的、更强大的自己。

第十三天：结束，也是新的开始

行文至此，告一段落，但这不是结束，一切才刚刚开始。首先要感谢大家能够选择我，并跟着我一路坚持走到现在，恭喜你！你坚持下来了！

在上面的十二节内容当中，我介绍了不同的方法，其实都在干一件事，就是让你成为更好的自己。我不会告诉你有任何捷径可以做好短视频，因为所有的捷径都是弯路。我会告诉你的是，要自己去多思考，多实践，多练习。

不过仅仅通过这十三节的内容，还是不能一蹴而就的。我告诉你的是方法，后面需要你保持一股劲不断地练下去，你才有可能收获结果。另外时刻提醒自己一点，做短视频，记住要"创造价值"，只有你创造了价值，别人才会关注你，别人才会喜欢你，别人才会为你买单。踏踏实实地拍好每一条作品，踏踏实实地做好每一场直播。

Part

03

高效变现：
如何利用直播为你变现

第七章

变现法则：
短视频博主一定要做直播

为什么短视频博主一定要做直播

我一直持有一个观点：如果你只做短视频不想直播，那你就不要做短视频。因为在短视频平台，直播是变现效率最高的方式。

通过调研我发现，90% 在短视频平台上赚到大钱的博主，90% 以上的收入都是通过直播变现获得的，仅靠短视频赚到大钱的账号寥寥无几。我们现在签约孵化博主，问的第一个问题就是能不能保证每天做 3 小时直播，如果不能，我们基本就在内心直接刷掉了。

做直播是每个短视频博主变现必经之路，所以直播能力是短视频博主最重要的能力。我们甚至发现，有一些博主如果直播做得好，短视频其实都没有那么重要。当然，如果双管齐下，那就是火力全开。

短视频是你向这个世界发出的宣传单

别人在刷短视频的过程中看到了你，就像领到了你的宣传单，引导他去关注你或者是你的直播间。平时我们在大街上看到别人发传单，马上就去下单购买的可能性是很小的。但通过直播间的互动和讲解，可以更清楚地向粉丝介绍你的产品和服务。这样一来，配合一些优惠政策，粉丝在直播间直接下单的可能性更大,也就完成了变现。千万要记住,付费的粉丝才是真粉丝。

我们看到很多知识类短视频带货常见的营销套路是推出 9 元钱或者 1 元钱的试听课,这个问题不大,但如果真的想让粉丝下单几百元甚至几千元的产品,就很困难了,不是说完全不可能,只是难度极大。你需要通过短视频把人引导进你的公开课,你的直播间就是你的公开课。然后再去转化,这个就是直播的目的,直播能带来更高客单价的转化。

直播能拉近主播跟粉丝的距离

为什么有那么多人喜欢看直播?因为他觉得自己的声音能够被听见。不要以为作为博主,好像就只能自己单方面地输出观点,只想着去发表自己的意见。我们也要看看粉丝的需求,粉丝也想跟自己关注的这个人进行交流。以前都在短视频里看到你,没有沟通互动的机会,但直播就提供了一个双向表达的平台,所以直播受到越来越多人的欢迎。

比如某个人在看自己关注的主播直播,他可以向老师提问,或者表达自己的观点,也可以打一波"666",表达自己对他的喜爱。再比如你喜欢周杰伦,当周杰伦直播的时候,当着所有粉丝的面念出了你的名字,会是一种什么感觉?上了一定年纪的人都知道,当年给电台发短信向女生表白,当自己的名字和表白被念到的时候,那种感觉就和今天直播粉丝被念到名字的那种感觉是一样的。只是时代变了,媒介变了,以前是电台,现在是直播。

直播能加强粉丝的黏性

直播是粉丝向自己喜欢的老师提问的一个很好的渠道,通过和粉丝"准面对面"的高频互动,能够提高主播和粉丝之间的黏性,这就为以后的变现积累了一个良好的流量基础。当你想要直播带货的时候，这就是一个很好的信任背书。

就像我当年做的节目——《英语啪啪啪》，有一次，我去做了个近视手术，然后发了一个视频，结果有 60 多个粉丝去找了那个医生做近视手术，这就是信任背书。如果我去代言别的东西，粉丝也会信任我，这就是因为我跟粉丝之间建立了一种信任感。

所以，一定要做直播，而且从你做短视频的那一天开始，你就要想好迟早有一天要做直播。这就引出了一个问题，什么时候做直播效果比较好？

所有平台都鼓励更多创作者直播

现在很多平台对主播没有什么限制条件，大家都可以开直播，但是刚开始一般都没什么人看，很多人做着做着也就没劲了，做一两次直播就放弃了，那短视频创业之旅也就结束了。我跟很多直播操盘手和大 V 聊天，大家都是统一的答案，直播是熬出来的，我们重庆的一个素人知识博主倩倩老师，她从直播间个位数到两位数，一直坚持了两个月，每天直播三小时以上。

第三个月刚开始，她的直播间就爆了，每天可以卖出去几万块钱的课程。这里给大家一个参考建议：对于一个普通人来说，当你的粉丝过千，就可以开始尝试做直播了，练习自己的直播话术。直播是每一个平台，不管抖音、快手、视频号还是小红书都会强推的形式。当平台知道直播变现效率最高的时候，那整个平台所有的资源都会倾斜到直播上来。

直播变现法则 1：
起步时就要做好直播的准备

短视频平台有个特点：用户今天看了你的某个视频，以后他可能就再也看不到你的这个视频了。而且，无论你的视频拍得有多好，很多人都会刷过去，不会成为你真正的粉丝。只有当他进入你的直播间，听完你的直播，和你互动之后，他才有可能成为你真正的粉丝，他会被你的才华、个性、观念所吸引，成为你的用户。

他真正认可你，才有可能为你买单。

所以，我们不仅仅要拍好短视频，从你决定做短视频那天开始，你还要去刻意练习自己直播的能力。

我们发现有很多博主，短视频里表现得非常好，但一直播就被大家吐槽，为什么呢？因为大家发现，他在直播里"露怯"了，他的人设没有像短视频中表现得那么完美，他的才华不像在短视频里表现得那么丰富，大家自然会对他产生怀疑。

所以，做短视频博主一定要学会"用两条腿走路"，既要学会如何拍出爆款视频，也要为直播做好准备。

从人少的时候练手

我近期的一个心得是，哪怕你只有 1000 个粉丝，也要开直播。

每个人都是这样的，不管你在线下讲课有多好，当你在做直播的时候，跟平时讲课还真的不太一样，面对镜头和面对学生，这两种感觉是完全不同的。

俗话说眼睛是心灵的窗户，面对学生的时候，他们是一个个活灵活现的生命个体，你能看到他们每个人的眼睛，这种真实感会让你心里比较踏实。但是直播的时候，前面只有一个镜头，如果直播间没有人搭理你，那就会让人产生一种彷徨无措、焦虑不安的情绪。但是如果直播间有很多人跟你实时互动，并给予即时性的反馈，有来有回，这样就会让人放松下来。

这里说一个小技巧，就是直播时你要引导粉丝跟你互动，但这种能力对于直播新人来说还是有难度的，需要不断地刻意练习。如果你有1000个粉丝，但是当你直播的时候，来的粉丝可能很少，也许一个真人都没有。这个时候不要着急，保持乐观积极。告诉自己"没关系，我正在为千人直播间做准备"。

调整心态

直播的前期阶段，心态很重要。我们甚至建议在前期，所有的博主把左上角的人数全部盖住，不要让人数影响自己的心情。

经过一段时间不断地练习，再去多看看直播间需要注意哪些问题，不断总结，保持学习。等有一天你的视频和直播间突然火了，你才能够掌控全场。

直播前你一定要做好心理建设，调整好自己的心态，这个非常关键。因为直播和平时讲课或演讲的状态是不一样的，直播的时候面对的是冷冰冰的镜头，但是讲课或演讲的时候面对的是活生生的人，你在线上演讲和在线下演讲的表述方式、讲话语气和整个人的状态都是不一样的。

所以在直播前，一定要先给自己做好心理建设，调整好心态。

你可以把这个阶段当成学习磨炼的机会，你只有通过不断地练习，去适应镜头，适应隔着屏幕和粉丝互动，在你完全熟练自如地掌握这套流程之后，你才能够掌控未来的大场面。另外，每场直播一定要超过 60 分钟，因为超过 60 分钟，平台才会把它当作一场完整的直播，这一点很重要，要切记。

另外，现在的博主们真的越来越勤奋了，很多人甚至全天都在直播。我们虽然不必这么内卷，但如果想要有比较好的收益，每天最好能保持直播 3 小时以上，可以分为两场。

别跟娱乐博主去对比，防止心态失衡

很多知识博主刚开始直播的时候，直播间只有十几个人，而那些娱乐博主、人气主播只是唱唱歌、聊聊天，甚至说几句暧昧的话哄哄大哥，直播间就有成千上万的疯狂粉丝。一对比，心态就容易失衡。

其实，这种心态失衡大可不必。你要明白，快手、抖音、小红书等短视频平台，它们首先是一个娱乐平台，而不是学习平台，所以这本来就是人家的主场。作为娱乐主播，尬聊、唱歌、跳舞、打 PK、连麦等，这些形式都是为了娱乐观众，也是为平台拉停留的重要手段之一。

当然，即便是这些娱乐主播，也并不是很多人想象中的那样，轻轻松松就能把钱给挣了。绝大多数娱乐主播的直播间，同时在线观看的人数也都是个位数。而那些最终成为头部的娱乐主播，都是经历了各种煎熬。在任何领域，我们想要取得过人的成就，都必须要付出努力，这是定律。

其实，他们远比我们想象中更加努力，付出得更多。他们每天直播都是 6 小时起步，有的人一天播十几个小时，播到后面都没力气了，甚至声音都嘶哑了，还在播。

很多新人主播为了避开流量大主播的黄金时段，只能选择更晚的时间段去播，比如晚上 12 点到早上 6 点。很多博主直播 1 小时就嫌累，怎么

可能拿到好的结果？现在电商直播间平均每天直播时长都在4小时以上，很多企业自播直播间都采取"日不落"的方式，24小时轮班直播。用时长增加每天的GMV（商品成交总额），就相当于在抖音上开了一个24小时营业的店铺，不浪费任何一个流量。

想学习日不落直播间的老板们可以参考罗永浩的"交个朋友"直播间，他们全天23小时轮班直播，中间休息1小时，但由于他们的直播间设备过于高级。除了老罗以外，主播颜值都很高，普通人难以模仿。当然，还有一个卖牛肉丸的日不落直播间更接地气，也适合普通人模仿，叫作"牛丸安口"，单月也能卖上千万元的牛肉丸子。直播间就是几个销售女孩换着卖，有种超市大减价的感觉。

直播变现法则2：
抓住引爆点，立即直播

有了爆款视频之后，立即直播

给大家讲一个例子。我自己手把手打造的一个博主做的账号叫"旭哥讲英语"。旭哥是新东方20周年的功勋教师，集团演讲师、培训师，主要讲的是考研英语。

2010年我进入新东方的时候，旭哥是我的培训师。

2020年春节假期的时候，我带着他做短视频。

旭哥的粉丝从 4.2 万人到 100 万人，只花了 5 天的时间。怎么起来的？

就是因为我们一起写了一个爆款脚本，他反反复复拍了很多遍，拍到我满意为止。结果，那个视频一下就成了爆款，之后他立马开直播。

不仅仅旭哥是这样，"英语张老师""英语雪梨老师"，每一个都是从几万粉丝开始，一个视频上了热门之后，立即开直播。

我要再强调一遍：当你有爆款视频的时候，立即开直播，哪怕跟粉丝互动聊天也行，要不断提醒粉丝关注你的直播间，目前直播间最看重的数据就是转粉率、互动率和停留时长。

利用假期的流量红利，弯道超车

据我的调研，2020 年只要在短视频上做得很好的博主，特别是那些网红知识博主，绝大部分都是利用疫情防控期间的大流量把直播做起来，把粉丝涨起来的。典型案例就是"英语雪梨老师"，她就是在疫情防控期间把直播做起来的。因为疫情防控期间，很多人都处于"没事儿干"的状态，都会刷一刷短视频，看看直播。

其实，节假日期间也是如此。

春节是不是很多人都没有事儿干？很多人都会刷刷短视频，所以这个时候你火的概率会更大。而且有很多专门做短视频的 MCN 机构，这几天是不工作的，这个时候就是你利用假期弯道超车的最好的时机。

直播变现法则 3：
激发付费意愿，留住精准粉丝

愿意为你花钱的才是真爱粉。千万不要再沉迷于"今天又涨了多少粉"这种数字游戏，个人 IP 早已过了谁粉丝多谁牛的时代。如今看一个账号的商业价值，就是看变现效率，粉丝少变现多的账号，才是更有商业价值的账号。粉丝越精准、越垂直，账号越有价值。那些愿意为你产品和服务买单的粉丝才是有价值的粉丝，所以，我们所有的动作都应该围绕为寻找到这群精准粉丝服务，筛选真正有价值、和你最匹配的粉丝。

如何利用直播间筛选出愿意为你付费的粉丝？以下几个方法，可以有效地筛选愿意付费的用户。

一、粉丝在直播间停留并听完直播，直接下单购买你的产品或者服务，直接成为付费用户。这是最直接的方式，也是博主最希望看到的结果。

二、留住真正的粉丝。如果你在视频火爆的时候，还没有做好准备卖什么东西，不知道销售什么，不知道怎么转化的时候，你最需要做的一件事情，就是留住他们。

直播间的粉丝再多，都是过眼云烟。你不要觉得抖音的粉丝是你的粉丝，我经常说一句话是："为你买单的人、为你花钱的人才是你真正的用户。"

那你怎么让他愿意为你分享的东西付费呢，哪怕是花一毛钱？你可以引导他们加入你的抖音粉丝团。加入粉丝团之后，他们会成为你未来直播时最强有力的支持，你的粉丝团的人数越多，你开播的时候，你的直播间基础人数就会越高。

三、可以设置送礼物连麦，我会在直播间和我的付费学员连麦，帮他们辨析账号。如果不是学员，我就会要求送礼物跟我连麦。能花300块钱送个礼物连麦5分钟的人，大概率也会成为我更高客单价的付费客户，一定要杜绝"白嫖"，不愿意花钱刷礼物的人，大概也不会为你的产品买单。

四、给粉丝群设置门槛，例如加入"粉丝灯牌"才可以进入粉丝群。一定不要设置无门槛社群，付费门槛越高，粉丝质量越高，大家在群内的交流也会更有价值。当然，现在抖音的社群也有一个比较好的功能，就是当你发布了新的短视频或者开始直播时，系统会自动将链接推送到粉丝群内，让粉丝第一时间收到通知。

目前，粉丝群也是私域运营一个比较好的途径，也有很多博主利用送资料的方式将粉丝吸引到粉丝群，然后在群里用一些比较隐晦的方式将自己的微信号公布，将用户沉淀到自己的微信里。

直播变现法则 4：
会卖，才是变现的核心

我发现很多人在直播中讲自己领域的干货内容的时候滔滔不绝，大家听完也都很认可。但一到了卖货或者卖课的环节，就开不了口，一谈钱就开始变得扭扭捏捏。

我以前做老师的时候就是"公开课转化王"，只要你来听我的公开课，我就能够让你心甘情愿地报名才离开。这跟我的家庭有关，我爸是一名公立学校的老师，我妈妈是做服装生意的。因为从小耳濡目染，我身上有做老师的基因，也有做销售的基因。我们 101 名师工厂签约孵化的大多都是教师群体，而这个群体是最不好意思谈钱的，越厉害的老师越不好意思销售知识产品。那我是怎么给他们做心理疏导的呢？

第一，要相信自己的专业度

要相信自己的知识产品是有价值的，你只要比其他老师讲得好，你的课对得起学员，你就是在帮助他们。

第二，转换身份

只要做直播，在直播间，我们的身份除了老师，还得是一名课程销售人员。讲课咱没问题，销售我们也一定能搞定。

第三，为自己准备一套话术

举例来说，我们会帮助老师出一份销售话术，然后一起反复打磨，在直播间反复测试，最终练就一套润物细无声的销售话术，让学员觉得用最少的钱，买到了自己想要的产品，双方皆大欢喜。另外，如果你想做知识付费，一定要记住，录播课很难卖高客单价，真正高价的，一定是服务。因此，在产品设计上，可以加上社群服务和答疑，提升用户的获得感。

总之，建议你认真设计产品，打磨话术，要让用户觉得错过了会遗憾。

第四，目的要明确

每一次直播的时候，一定要给自己定一个小目标。

我直播有一个原则,叫作"出摊儿必有收获"。就是要给自己定一个目标,比如"我今天的目标就是要卖出几单",刚开始目标不用太大,一步一步来,从几单到几十单再到更多。通过这种方式,给自己设置一个阶段性的目标,有了目标,就有了努力的方向,然后一步一步地朝着这个方向前进就行了,终有一天你会到达成功的彼岸。

如何开一家自己的抖音小店

目前几大主流短视频平台都可以开通小店,小店可以理解为你的淘宝店,有了这个小店,你就可以把产品上架,粉丝可以通过购物车或者你的橱窗展示进入并付钱购买。快手开通小店的流程比抖音简单得多,难度也更低。接下来以更为复杂的抖音为例,分析一下为什么要开小店,怎么开通小店,以及小店怎么运营等问题。

为什么要开小店

现在直播带货非常火爆,其中一个重要的原因就是收益高。如果你也想直播带货,首先就得有自己的小店。有了小店,粉丝便可以直接进入你的主页下单购买。如果你没有开通小店,粉丝如果要购买还得跳到第三方平台再下单,而下单的过程越复杂,用户流失就越大,成交额就越小。所以,开通小店是消除下单消费流程中所有不愉快体验的"清道夫",它是促成消费（即看即买）的直通车。现在很多平台都开始禁止跳转其他平台的购物链接，那么平台的小店就更重要了。

如何开通小店

第一步，注册登录。

电脑登录小店申请网址，也可以直接搜索抖音小店商家后台，进入后台，然后登录注册。

第二步，选择店铺类型。

现在抖音小店有普通店、专营店、专卖店、旗舰店四种。普通店，不需要商标就可以申请，适合个人；专营店是指经营两个及以上品牌的店铺；专卖店是指经营一个品牌的店铺；旗舰店是指有自有产品或商标权人提供独占授权品牌入驻品牌开设的店铺。你可以根据自己的情况选择合适的店铺类型。

第三步，填写商家主体信息和店铺信息。

1. 如果你是以企业的身份入驻，需要准备五份资料：

（1）企业营业执照（确保当前时间距离营业执照有效期截止时间大于3个月）。

（2）法定代表人或代理人手持身份证人像面照片和身份证正反面照片。

（3）店铺名称、1:1的店铺logo（logo中不能含有广告与二维码）、网址、联系方式或第三方的logo。

（4）如果开通的店铺类型是专营店、专卖店、旗舰店，需要商标注册或商标注册受理通知书或品牌授权书。

（5）对公银行账户信息以及银行开户许可证。

2. 如果你是以个体工商户的身份入驻，需要准备以下材料：

（1）店铺名称1:1的店铺logo（logo中不能含有广告信息与二维码）。

（2）个体工商户营业执照。

（3）经营者手持身份证人像面照片和身份证正反面照片。

（4）银行账户信息。

此处说明，个体工商户仅能以普通店的名义入驻，不支持以专营店、专卖店、旗舰店的名义入驻。

信息填完后签订合同协议，平台信息审核之后，下一步是打款验证，最后一步是按照类目缴纳小店保证金（抖音小店保证金是商家用以保证遵守平台规则和平台协议，以及对商品和服务质量进行担保的，向平台缴纳的费用，如果商家违反了平台运营规则，轻的话可以扣除部分保证金，重的话也可能扣除全部保证金），缴纳完毕后，你的小店就开通成功了。

抖音小店怎么运营

成功开通小店之后，还需要在小店中上架商品，粉丝才能下单购买。创建流程也不复杂，共分为五步：

第一步，进入商家后台选择商品—商品创建—选择商品类目。

第二步，创建商品基础信息。包括商品类型、商品标题、商品推荐与商品重量类目属性、支付方式、订单库存统计、同店商品推荐。小店默认的商品类型是普通商品，另外还有闪购商品和虚拟产品，可根据你的需求和市场情况选择（注意，商品类型确认提交后不支持修改，选择要谨慎）。

第三步，上传商品图片信息。需要上传五张 600×600mm 以上且单张不超过1兆的图片，支持 PNG、JPG、JPEG（图像文件格式）三种格式。

第四步，填写规格信息。主要包含商品售卖价、原价、商品规格，其中商品售卖价最高支持创建100万元的商品，原价必须高于售卖价。

第五步，填写服务与资质信息，最后提交审核。通过后，就可以在小店中看到这件商品了，粉丝就可以进入小店购买了。

第八章

直播的打法：
如何成为直播间的变现高手

直播时如何分享知识，高效涨粉

如果你是一名知识博主，你在直播的时候应该讲些什么？

知识博主直播的常见模式

第一类是干货分享。

变现好的直播间都做到了两个字——重复。把一场直播切分成不同的时间段，知识博主的直播间一般 20 分钟一个循环：每 20 分钟干货，卖一轮课程或服务。而且，所有变现好的直播间，每天讲的内容都是一样的，因为知识付费的直播间复购率其实没有那么高。很多博主就是一个爆品课程，如果想卖好，就一定要新粉丝进入直播间。如果你每天讲不一样的东西，老粉丝就会经常来，这样其实不利于平台给你推新流量，这就是为什么高手的直播间每天内容都是一样的。

第二类是粉丝互动连麦。

对于新人博主，我们不建议采取互动连麦的方式，因为连线的嘉宾水平不一样，对直播间人气影响太大。如果你没有很强大的控场能力，不能主导直播间的节奏，直播间很容易"拉胯"，就没办法留住直播间的粉丝。

对于一些已经有经验的博主，我们也是建议提前安排好连麦的嘉宾，提前安排好话题。连麦其实就是客户见证的过程，引导连麦粉丝不断为你背书，从而达到卖课的目的。除此之外的连麦，意义不大。如果你想看怎么做好连麦卖课，强烈推荐关注桂先学姐的账号。每次连麦的家长都会对老师各种夸赞，然后说自己孩子和老公因为上了她的情绪训练营而改变。有些宝妈甚至还会激动得哭出来。你想这样的直播间连麦，别的家长看了什么感受，当然是也想给自己的孩子买一个课程。

一场高质量的直播，需要做哪些准备

真正有质量的、人气爆棚的直播，肯定是要提前做准备的，不是架起摄像头就开始播。那么直播前，我们要做哪些准备呢？

创造基本的直播条件

第一点，穿着得体的衣服。作为分享知识的博主，穿着一定要得体，不能过分性感和暴露。此外，一定不要躺着直播，否则特别容易被封禁直播间。

第二点，要保证直播环境合适。要找一个固定的直播场所，保证安静的环境，周围没有人说话，不要嘈杂。

第三点，要保证直播的光线充足。

在光线充足的地方直播，你的气色会看起来很好，心情自然也会好，也会讲得越来越好。如果你家里的光线不太好，可以去买一个直播专用的灯作为辅助，这样你的形象也会更加好。

第四点，要注意直播背景。找一个干净整洁的地方去做直播，不能让背景看起来乱糟糟的。作为一个分享干货知识的博主，别人进到你直播间的时候，一定得感觉足够干净整洁，背后可以打印一些专门设计的KT版。背景是一个很吸引人停留的关键。

第五点，画面一定要稳定。很多直播新手都是手持手机直播，这样会对用户的体验产生很大的干扰。所以，一定要准备一个稳定器或者手机支架，画面一定不能抖动。

以上五点，是你要做直播时需要保证的最基本的条件，一定要注意。

如何给直播间预热

在直播之前，除了要注意环境、着装等基本因素，还可以适当地给直播间做一做预热，这可以帮助你在一开始就吸引更多人去关注你分享的内容。

如何给自己的直播间预热？

第一点，是最重要的一点。我在前文给大家提过，要在你的主页写下你直播的固定时间。这样，粉丝就会准时地守候在你的直播间，等着你去跟他们互动，从而让他们养成看你直播的习惯。

第二点，发布短视频进行预告。比如你今天晚上要做直播，你可以在今天发布的作品结尾给大家简单地预告一下。如果你这场直播非常重要，你也可以专门拍摄一个直播预告视频，把你今天晚上要讲的内容写得非常吸引人，或者在视频里设置一些小福利告诉大家。比如："我今天晚上直播的时候，会给大家送出福利。"在今天晚上，粉丝们就会来到你的直播间。

第三点，如果有条件，可以付费给直播间进行推广。比如给你最近的视频购买一下推广服务，对直播间进行预热，那你的直播间人气也会增加。真正重要的，还是你如何准备内容，以及积极地和粉丝互动。

新手直播必备小技巧

直播频率和时长

作为新手主播，我建议你每周可以直播三次，而且要将直播的时间固定下来，把它写到你的主页上。比如说："每周一三五晚上 8 点直播。"你也可以在预告视频里告知大家："每周一三五我会直播，欢迎大家来看。"

如果有人点进你的主页，就会知道你直播的时间，大家就会准时观看。

每一次直播至少要 60 分钟，因为只有到了 60 分钟，系统才会把你定为一个稳定的直播间，它才会给到一定的流量进行推荐。

在直播前期，你可能会发现直播间人很少，这太正常了，不要着急。要利用这个人少的阶段不断地去练习，不断地去说话，以各种方式去和你的粉丝互动、交流，得出最适合你的直播风格。前期粉丝不多的时候，正是最好的试错时机。无论是做短视频还是做直播，都要反复练习，才能应对自如，不断进阶。

新手必备直播技巧

新手在直播时,有一些必备小技巧,如果你掌握了,往往会达到事半功倍的效果。

技巧一:准备好背景音乐(back ground music,BGM)。

让氛围渲染起来,让直播间热闹起来。你会发现,那些人气高的直播间都有背景音乐,而且那些非常专业的主播,尤其是娱乐主播,往往不仅有背景音乐,还有特别多的音效,比如笑声啊,搞怪声啊,等等。

但如果你是一位知识博主,背景音乐可以不用那么复杂。你放一点点能调动气氛的背景音乐,能让你的直播间热闹起来,让大家觉得刷到你的时候不是干巴巴地在讲就够了。

技巧二:当有人进入你的直播间的时候,一定要表示欢迎。

对于新手直播间而言,一般也不会有很多人来观看。只要有人来,你都要欢迎一下。比如说:"欢迎老王,欢迎 stone 进入直播间""欢迎 Alex 进入直播间"。雪梨老师每次直播开始都会点名,这样的方式也能拉近你跟粉丝的距离,被关注是所有人的诉求。

技巧三:表示对粉丝的关注。

无论是有人给你送礼物也好,给你点小心心也好,有人加入你的粉丝团也好,一定要表示感谢。他为什么要给你送礼物?就是想引起你的注意。不管粉丝送了什么礼物,都要表现出真正的感激之情。

此外,当你看到有人给你留言的时候,最好一条一条地念出来。如果有人问问题,也要认真回答对方的问题。

新人开播时的四大雷区

作为直播新手，除了掌握直播的方法，还一定要注意避开一些"坑"。

第一，不要违规。

有哪些是违规呢？比如说你穿着暴露，这个肯定是不行的。有一些违禁物进入镜头也是不允许的。另外，有些娱乐博主会经常进行 PK，在 PK 的时候，所设定的惩罚也不能太过低俗。

此外，未成年人不能单独入镜直播。这些在平台的直播规范里都有。

总之，你要把平台公布的违规事项都了解清楚，不要说违禁词，不要露出违禁物，不要触犯规则。另外，在海外直播，需要你的粉丝达到一样的数量级，可以向平台运营申请开通白名单①，如果没有白名单，海外是无法直播的。

第二，不要忽略镜头，要通过镜头和粉丝产生情绪互动。

新人容易犯的错误之一，是直播的时候不看镜头。

我们有一个签约博主在出来直播的时候，直接跟旁边的人聊天去了。这就会让观众觉得你没有认真地在做这件事情，你的直播是缺乏诚意的。所以，在直播的时候，一定要看镜头，去跟你的粉丝互动，有眼神的交流，让粉丝感受到你的真诚。

第三，不要临时抱佛脚，要提前准备分享的内容。

很多人在直播的时候不知道说啥。当你不知道说啥的时候，有两种解决方案。第一种是你提前定好主题，也可以先列个提纲，今天要聊的第一

---

① 白名单：有了白名单才能在抖音里直播特殊类目，如珠宝文玩、翡翠玉石、茶叶酒水、字画、本地生活等，这些都是抖音平台定向招商的。

点是什么，第二点是什么，第三点是什么，给大家做分享。如果你实在不知道该说什么，那就用第二种方法，让大家就这个话题提问，然后和粉丝产生互动。

除了分享内容之外，有一些互动的话也很必要。比如，有人给你刷了礼物，一定要点名感谢，而且必须是真诚地表达感谢。

第四，不要轻易放弃。

这一点是新人主播一定要注意的。很多人播了两次，觉得没什么人看，就放弃了。所有在抖音上成功的知识博主，都是坚持每天直播的。你去问所有的直播高手，他们都会告诉你，直播到最后，没有秘密。就是坚持和调整，不断优化细节，成功的路上并不拥挤，坚持到最后的人都拿到了结果。

理解吸引用户的四大路径，提升直播间人气

如何提高你直播间的人气，让更多的人看到你的直播间呢？

首先，我们要了解的是直播间的人都是从哪儿来的。

第一，从短视频。

粉丝在刷短视频的时候，如果你正在直播，你的头像就会一闪一闪的，他对你感兴趣的话很可能就会点击你的头像，直接进入你的直播间。

所以，你当天发的视频非常重要，因为很多直播间的人就是你的粉丝。他刷到你的视频，看到正在直播，就会点击进来。

第二，从直播广场。

用户在浏览直播广场时，看谁的封面能打动人，可能就会点进来，所以直播间封面也需要精心设计。

第三，通过同城推荐。

用户在抖音刷同城页面的时候，看到了直播也会进来。

第四，视频流推荐。

用户在刷短视频的时候，现在平台也会在视频流中推荐直播间，所以直播间的画面和节奏就成了引发粉丝进入的关键。

理解了用户进入直播间的路径，我们就能够有的放矢地提高直播间的人气了。

影响直播间人气的五大要素

想要更多人关注你的直播间，你需要想办法提高直播间的人气，人气越高的直播间，平台推荐给他人的力度越大。哪些要素会决定你直播间的人气呢？

我们总结了五大要素：

第一个，用户停留时长。

用户到你直播间之后，在你直播间停留了多久，看了你多久的直播，这个就叫用户停留时长。

第二，互动率。

互动率主要取决于有多少人在你直播间里留言。那应该如何去提高？

你在直播的时候，一定要不断地去跟他们互动，问大家问题，提醒大家打"666"，提醒大家打"111"，比如"听懂的打1，没听懂的打2"。

有一些主播在开播的时候会去做一个测试，说："大家能听到我的声音吗？听到的打1，听不到的打2。"其实这一系列的动作，都是为了让直播间的互动率更高。

不断地去引导用户，和用户互动，让他们在公屏里面去留言，去表达，帮你点赞，这都会让你的直播间变得更热闹。

第三，音浪。

拿抖音来说，音浪指的是用户给直播间的打赏。

一般来说，娱乐主播就是靠着音浪来变现的，吸引用户打赏。但作为知识博主，我们很难将音浪提升得很高。

但我们也还是可以偶尔去提醒大家给自己送个小心心，或者送个礼物。

用户打赏之后，你一定要表示感谢。还有一个小技巧，就是引导其他粉丝去关注你的榜一、榜二、榜三。每个人都想拥有更多的粉丝，也就会愿意给你打赏了。比如我的直播间大部分都是创业者，而且很多都是老板，就会有很多人来我直播间刷礼物、挂榜、蹭粉。

第四，转粉率。

有多少新粉丝通过直播间关注你，或者是有多少人加入你粉丝团，是个很重要的指标。

你要学会引导进入直播间的人关注你，比如"进入直播间的小可爱们关注一下主播吧""欢迎加入我的粉丝团"。通过直播间加入你粉丝团的人越多，你的直播间热度就会越大，那来看的人也就越多。

第五，点赞数。

你也可以引导进入你直播间的人"帮我点小心心"。刚开始直播的时候,就可以让大家去帮你点击小心心,或者是让你的粉丝帮你把这个直播间分享一下,这都是很好的方式。

以上就是五个影响你直播间人气的因素,依照这些因素,去逆向推导,积极地行动,就能够提高你直播间的人气了。

为什么在直播中必须和粉丝互动

我在前文反复强调"互动率"的重要性。我们在直播的时候,一定要不断地去跟粉丝互动,和大家产生更多交流,而不是自顾自地演讲。

尤其很多老师或者知识主播,只会单方面地输出观点和知识,内容其实很有价值,但往往没几个人听,因为他们不知道应该在直播间和粉丝说些什么,也不知道该怎么互动。

第一,直播不互动等于没直播。

对于大多数知识博主来说,做短视频最终变现的途径,大概率都会通过直播来完成,这个概率超过了90%,所以直播是所有知识博主必须要去做的一件事情。短视频可以体现你人设的一部分,但是短视频真的很短,没办法让人全面地了解你。而互动能让你的人设更加丰满和立体,当你跟粉丝互动的时候,他们会感受到一个活生生的人从手机里走到他的生活当中了,这会让他们产生信任感,有利于卖课或者卖产品。

第二,直播互动可以拉近距离。

直播可以让粉丝和你有更直接、更亲密的联系，让他们更有参与感。不管抖音还是快手，你的粉丝在看你直播的时候，你念了他的评论或者留言，他会有一种被你关注到的感觉。因为再小的声音都想被人听到，所以才会有那么多人喜欢看直播。

另外，很多人把直播当成自己可以参与的电视节目。以前看电视，都是单向的信息传输，没有任何互动可言。但现在每个人通过一部手机，就可以看到自己喜欢的主播，讲他可能感兴趣的东西，而且自己的留言还有可能被主播念出来，这是一件非常享受的事情。

如果你还没有找到和粉丝互动的方法，可以选一个你所在领域的优秀知识博主，看一下别的博主是怎么互动的。如果你的领域很小众，目前还没有人做直播，那就去看看那些大众化的知识博主是怎么跟粉丝互动的。

做直播，一定要记住，不要低着头在那儿干巴巴地讲，连镜头也不看。你要学会盯着镜头讲自己的东西，同时，还要时不时看一下屏幕，在讲的过程中及时看到粉丝的留言。看看有哪些留言是可以用来跟粉丝互动的，能引发大家在评论区留言评论的。

遇到黑粉或者喷子不用慌

直播中遇到黑粉或者喷子几乎是一定会发生的，所以当你遇到了喷子和黑粉该怎么办？不要慌，最容易的方法就是假装设备出问题，"我这边卡住了！大家能听见吗？"，大家的回答就把黑粉的留言冲走了，这个时候，反手把他拉黑就可以了，眼不见心不烦，哈哈。

举个"老黄讲英语"的例子。一般在抖音、快手上面卖的课都不贵，两三百块钱就能听很多节课。有一次，老黄正在直播介绍他给成年人的英语提升课程，有人在下面发言："这个课这么贵。"老黄问，在他的城市，学一个小时英语要多少钱？对方直接回了个"零元"，这明显是在故意找碴儿，引起大家的注意。

老黄也没有直接把他拉黑，而是悠悠地回了一句"在这个世界上，无条件为你付出，不要你钱的，大概只有你爹"。其他粉丝看了以后，觉得老黄说得对，老师有付出，凭什么不卖钱？于是，粉丝们都开始维护他，而站出来维护他的这些粉丝，也是最容易下单的一群人。他就是用了一个比较巧妙的方式，一方面体现了自己的幽默感，另一方面也凸显了他的个性，让信任他的人更加喜欢他。

当看到有粉丝站出来维护你的时候，作为主播的你，把他们的名字念一遍，以示感谢。这是运用到了营销心理学，也就是说，当粉丝被你点名感谢之后，他不买你推荐的产品都感觉不太好意思，所以这批粉丝的成交率就比较高。有一些书也会讲关于怎么营销的，比如有一本书叫《影响力》，这本书里讲了很多非常浅显的营销心理的知识，推荐大家认真去看，并且可以运用到你的直播当中，比如怎么设置价格，怎么出单，对你都会有很大的帮助。

当然，对于绝大多数新人博主来说，如果你没有强大的内心和临场应变能力，假装没看见是最好的处理方式，用我上面说的方法拉黑即可。因为有时候，直播间来的可能是竞争对手故意来气你的，你跟他正面冲突，他故意举报你的直播间，得不偿失。

简单好用的互动话术和技巧

如果你不知道怎样和粉丝互动,我给你分享一些"直播互动话术",你学了就能用得上。

一、前期暖场:"听到请打1"

当你刚开播的时候,还没有多少人来,这个时候你可以做一些前期预热和暖场,不要直接开始讲干货。比如问大家能不能听到,能听到的打1,或者引导大家双击屏幕,戳一戳小星星,引导粉丝加入你的粉丝团,又或者请大家帮忙把你的直播间转发一下……在直播开始5～10分钟,你都可以不断重复这些话术,这就是一个刺激和引导粉丝开始互动的小技巧。

等人气上来以后,可以再一次确认大家能不能听到你的声音,也可以问大家吃过晚饭了没有,今天都干什么了,或者都是来自哪些城市。这些互动话题都是不需要经过大脑思考的,切记,不要一上来就问那些需要认真思考的问题,观众能轻松回答上来,就会愿意给你留言,跟你互动,这样你的直播间互动率就越高,那么你的人气也会越高。

二、解决疑惑,"听懂请打1"

前期气氛搞起来以后,就要开始入正活了,在这个过程中也有一个效果很好的互动方式,就是问大家有没有听懂?听懂的打1,没听懂的打2……反复确认多次,是为了保持直播间的热度和互动数。

因为系统并不知道他们在输入什么内容,也不清楚你们之间在互动什么，它不关心，它只看数据，只关心有多少人给你留言，有多少人在你的直播间待了 5 分钟以上，你的数据越漂亮，直播间就会越火爆。

三、引导粉丝打字

一定要学会引导粉丝打字跟你互动，例如："听懂的宝宝们给我打个听懂。""我手里有一份资料，想要的给我打一波想要！""如果有收获的宝宝，把干货满满打在公屏上！"我看到一个设计签名的直播间，让粉丝把自己的名字打在评论区，这样取巧的方式让直播间在线上万人。我们一定要去思考，自己的直播间如何才能引导观众主动互动，因为直播间的互动数决定了你的直播间是否会被推给更多人。

四、巧用红包、福袋功能

红包和福袋是增加直播间粉丝停留时长的一个好方法，比如说福袋，福袋的设置其实也有很多小窍门，你可以设置 5 分钟，真的有人为了领福袋，加入你的粉丝团，然后一直在你的直播间等着，直到"开奖时刻"，接下来又是新一轮的领福袋倒计时……这就有点像博彩的性质，让人永远相信"下一把可能就会中"，然后欲罢不能。另外，抢红包也是同样的道理，这些方法可以快速增加你直播间的热度。

五、尽可能多地记住粉丝，主动打招呼

如果有人每次在直播间都很活跃，那么他大概率会成为你的忠粉，对这些忠粉，你要想办法把他引导到你自己的社交粉丝群里。当你在直播的时候，就是要靠这些忠粉帮你提高热度，让他们帮你传播到自己的亲戚朋

友群、同学群、家庭群等，他们往往是乐于做这些事情的。

如何把普通粉丝或者路人转化成你的忠粉呢？有一点请记住，那就是尽最大的努力记住更多忠粉的 ID，这一点非常关键。在直播的时候看到他来了，点名和他打个招呼，说一些客套和感谢的话术，刻意表现区别于普通粉丝的差异化，一定要让他觉得你在关注他，你对他很熟悉，他对你"路转粉"或者成为忠粉的概率就会大很多。

六、事先安排好"气氛组"

事先做好一手准备，如果直播时没人留言，那就得请"气氛组"成员出马，支持你，给你留言为你"打 call"[①]。

所以，你在直播之前，也需要安排几个善意的托儿，并不是为了欺骗，而是能解答粉丝的问题，消除他们的怀疑，毕竟不管你怎么保证自己的课程物超所值，都会有"王婆卖瓜，自卖自夸"的嫌疑。因此，通过第三方的角度来佐证，这样才能够真正地提高你的转化率。

这里要强调一点，事先安排托儿来提升直播间的人气和转化率，这一切都要建立在你的产品质量确实很好的基础之上。千万不要去恶意骗人，否则你将自食恶果，一旦口碑做烂，翻身的概率就非常渺茫了。

另外，"已买"这个词非常有魔力，对于正在直播卖货的主播来说，有莫大的鼓励作用。作为直播运营，一定要安排小号在第一时间，打出"已买"，给主播信心。

---

① 打 call：网络流行词，来源于日本演唱会 Live（现场）应援文化。最早指现场台下的观众们跟随音乐的节奏，按一定的规律，用呼喊、挥动荧光棒等方式，与台上的表演者互动的一种自发的行为；后演变出呼喊、喊叫、加油打气的含义。

直播卖产品，别让品位限制你

什么样的主播能卖好货？

经过我们的统计研究，无论是在直播间卖货还是卖课的主播，只要是在直播间成功过、赚到过大钱的主播，他们绝大多数人一定符合以下三个标准：

第一，语速很快，说话就像机关枪一样。

第二，情绪非常饱满，很容易感染人。

第三，全场直播3小时可以做到嘴不停。

我一个做电商的朋友跟我说了一个他们招主播的标准。只招"泼妇"，吵架不厉害的不要。他说电商直播间最重要的就是氛围，一定要把情绪拉满。大喊大叫，要有穿透屏幕的热情，恨不得敲锣打鼓都搞上。分秒必争，用情绪和语速以及高性价比的产品给用户带来紧迫感，觉得不买就亏了。说到这里，你们感受一下，类似李佳琦这种头部主播是不是都给人这种感觉？

另外，主播小助手的配合也是至关重要的，在主播情绪到位的时候，帮助主播喊上几句，氛围感很重要，"千万不要错过！这个真的太值了！""这个价格真的是可以闭眼带回家！""我的天呀！抢得太快了吧！还有三单！""拍了没有付款的，我们要清理掉了！不要占别人的名额！"。

有人说"品位是流量最大的敌人"，这句话非常值得做短视频和直播的博主反复玩味。如果你想在短视频平台拿到结果，就一定要去向头部主播学习。你会发现有些"小套路"真的很管用。

或许你会觉得这些方法很差劲，你会质疑"这么咋咋呼呼的视频和直播间为什么能这么火？"，但我们不妨反思一下，也许我们自己才是那个"自以为是"的人，我们走着走着，忘记了我们小时候赶集时的快乐。为什么有那么多人喜欢那些我们认为很差劲的视频和直播？也许那就是我们很久都没有用心去体会的人间烟火。

如果你想要做好直播，就一定要去跟那些拿到结果的主播好好地学习，认真分析他们对于主流大众的深入了解和极具市井气息的亲和力，掌握和粉丝互动的各种有效方法，为自己的直播赋能，补上自己在营销方面的短板。

有了这些直播技巧，再加上自己在专业上高质量的内容输出，这样才能如虎添翼，一飞冲天。

卖产品时，如何带好节奏

以知识博主直播间为例，只要做到以下三个步骤，就是一个不错的开始，持续优化，就会成为一个优秀的直播间。

第一，引进来：带好暖场节奏

暖场的核心是要让直播间活跃起来，还没有大量粉丝涌入的时候，你要想办法让已经进来的粉丝帮你转发评论，把直播间炒热。

另外，通过买 DOU+，让直播预告的视频增加热度，这也是一个不错的方法。买完 DOU+ 之后，就会有一拨人涌进来，这个时候你要想办法，让他们留下来并参与进来，比如引导他们加入粉丝团、送个小星星、送礼物或者留个言都可以，你要在暖场的时候把控节奏。

第二，听进去：带好带货的节奏

如果你销售的是知识类产品，切记，直播时一定不要把课讲"死"了，你讲课越死板，越是会专注于自己的状态，而不管受众的反应，慢慢你就会发现直播间的人气会越来越低。要转变方式，进行互动式讲解，就是在讲课的过程中，一定要看屏幕前粉丝的实时反馈消息，及时给予互动；而且要不断刺激粉丝给予反馈，"听懂的打 1""听不懂的打 2""同意老师观点的刷波 666"……总之，就是要在讲课的过程中不断地和粉丝互动，去找到属于自己的直播节奏。

如果你还是不知道应该怎么跟粉丝在直播间互动，就去找到你这个行业做得好的直播间，全程跟几场直播，把你觉得那位主播做得好的地方全部记录下来，变成自己的话术，久而久之，你就有了自己的直播互动节奏。每个直播间都有自己的风格，所以自己的话术也需要不断地优化，一切以最终的变现数据为准，数据不够好，话术一定还有可优化的空间。

第三，卖出去：掌握带货节奏

如果你坚信自己的产品足够好，那么如何才能把这个好产品卖出去，还要卖得好？

第一步，进行价格对比。

如果你卖的是服务类或者知识类产品，不要上来就老老实实地公布底价，要提前设定好原价和活动价两个价格，产生对比效果，让你真正的销售价看上去很实惠。

比如"这个课原价999元，今天活动价只要299元，手慢无……"总之，要让他产生价格上的锚定心理——先锚定在999元，再降下来。我曾经还在一个老师的直播间听到一句巨牛的卖课话术，他的课程定价是999元，直播间价格是199元，他说了句"今天999元的课程，咱官方补贴800元，家长们千万不要错过"。你是不是觉得抖音官方给补贴的错觉？我第一次听到也有这种感觉！其实这就是他的一个营销话术。我们要做的，是在保证自己产品质量的前提下，用一些营销技巧让用户觉得这钱花得值得，有获得感。

第二步，一定要限定名额。

比如"今天直播间只有30个名额，先到先得，抢完为止"，这样名额就会产生稀缺性，粉丝会产生"没买到就亏了"的感觉。当然，限定名额要根据你直播间在线人数来定，直播间500人在线，你限定30个名额，大家觉得有紧迫感。你直播间一共就30个人，咱就灵活处理，限定3个名额，千万不要一根筋。

第三步，要限定优惠时间。

比如："今晚12点之前（或者下播前），粉丝特享优惠价是298元，之后就恢复原价，999元。"这会让粉丝产生紧迫感，刺激他尽早下单。

但是，以上说的三点，一切都是建立在你的产品确实很好的基础之上，如果你售卖的是课程，那么你的内容一定要好，你对自己讲得东西绝对自信。好的产品是一切营销的底线，好产品加上适度的营销，才不会让好的产品被淹没。这也是我写这本书的初衷，希望帮助到更多优质的内容创作者，因为太多优秀的行业专家 IP 都不好意思宣传自己及自己的产品，希望这本书里的方法能赋能更多人。

直播实战练习

当你想要做直播的时候就去做，一旦开始就成功了一半，不迈出那一步，你永远做不好这件事情，做直播就是要敢于埋头往前冲。

但是我们在做直播之前以及做直播的时候，需要做哪些实战准备呢？

第一，先学后做

在你决定要做直播之前，要去对标整个直播行业做得最好的人，看那些真正的头部主播是怎么播的，感受一下抖音、快手、淘宝等短视频平台排名前 3 位的主播的直播间是什么样的？去看一下头部的带货主播，他们直播的时候是怎么说话的，怎么跟粉丝互动的，怎么介绍产品的，还有他们的营销套路、营销策略都有哪些……

直播带货的主播研究完之后，再去向知识行业直播做得好的知识博主学习，看他们是怎么卖课的，怎么互动的，这一类主播和你的关联度是最大的。即使他教的和你不是同一学科或者同一个领域，没关系，分享知识这件事还是有很多共同点的。

注意一点，要学习别人的技术和方法，就要沉得住气，仔细地看，认真地学。不要跑到牛人的直播间看个 5 分钟、10 分钟就出来了，这样还不如不看，浅尝辄止是学不到真学问的。要看，就要从他开口一直到结束，认真地做笔记，看看他是如何和粉丝互动的，如何掌握节奏的，如何带动气氛的。觉得他说得好的地方，要记录下来，研究他的技巧，在自己直播时用上。万事开头难，所以刚开始的时候不要着急，先从学习模仿开始。

第二，做好直播规划

在做直播之前，提前几天备课，提前规划好直播时要讲的内容和段子。按时间顺序规划好直播的内容，不打无准备的仗。定好直播目标，定好直播流程，定好直播产品，定好直播妆容，定好直播道具，越细致越好。知识博主还可以准备一块小黑板或者白板，一边讲一边写，这是一种效率很高的直播讲课的方式，而且写字的过程可以让看视频的人们在你直播间停留哦。如果没有小黑板，也可以把你讲的重点内容打印出来，字体要大，让观众很容易看清楚，有条件的可以彩印。总之，把直播当成线下演讲去准备，准备越充分，直播越成功。

第三，"打扫干净屋子再请客"

当你在直播的时候，你的直播间就像是你的家，粉丝看到你就像是来你家做客，而你的直播间就是会客厅。你直播间的环境很多时候直接决定了粉丝的去留，所以首先要保证直播间干净整洁，光线充足（一般是要靠补光灯辅助的），另外还要有三脚架稳定手机，还有直播间的主题墙和背景装饰也很重要，利用好这些元素会让你显得比别人更加专业。有条件的一定要上单反相机直播套装，现在直播间越来越内卷，单反相机直播会让你的直播间看起来更加专业。同时，也可以采取 OBS 推流[①]或者绿幕抠图等技术加持。

第四，礼多人不怪

直播带货做得好的主播，往往在销售主品的时候还要准备一大堆礼品，粉丝从他那里买了一件商品，然后他会送出三件赠品。跟商场或者电商直播是一个道理，买一个产品送一堆赠品，让你感觉超值，激发出你强烈的购物欲。不管是卖货还是卖课的直播间，这一招都超级好用。例如我在卖课的时候，经常说的一句话就是"买一年，送一年。未来两年个人 IP 的课程，你都可以全部免费学，不需要再多花钱"。甚至我的直播间里还会打出"短视频学习最后一站"的口号，让用户觉得买到就是赚到。不要小看这句话，多年前我在公众号上的一篇文章卖出去了 200 多万元的英语课程，就是用了"这是你这辈子最后一次学英语"的标题，让用户觉得是他们为英语花的最后一次钱。

第五，心态很重要

直播间开始的时候往往人比较少，很少有素人刚开始直播就有很多粉丝来围观的。所以不要心急，脚踏实地，慢慢耕耘，守得云开见月明，慢慢从几个人到十几个人、几十个人、几百个人，再到上千人，要相信自己一定能成功。作为知识博主，当你的直播间超过 1000 人时，就已经是非常厉害了，那种能过几千甚至上万的基本都是撞大运了，或者他的作品在

[①] OBS 推流：OBS 是 Open Broadcaster Software 的简称，是一个免费的而且开源的视频录制和视频实时流软件，广泛使用于视频采集，直播等领域。OBS 在当下火爆的直播平台当中有关键作用。

当天上了热门了。

谁都希望自己直播间的人数越多越好,但也要和我们自己的能力相匹配,否则很难走得远。不断学习、持续训练、一直进步,更重要的是一定要熬得住,直播就是熬出来的,那些娱乐主播,每天直播6小时、8小时,就得熬,熬时间。直播间的核心是稳定变现,不要过分追求那些虚假的数据,只有变现是真的,别的都是虚的。

第六,定个小目标

当你开始直播售课了,要给自己定个小目标,比如这次直播你要卖出去多少单,而且还要一次比一次好。除此以外,还有直播一个月要达成什么目标,因为有目标,你才会有压力,有动力。当然,直播数据有好有坏都是正常的,不要因为一次卖爆而过于骄傲自满,也不要因为一次没卖好而一蹶不振。把直播当成上班,平常心对待,把时间拉长,直播间活得久比什么都重要。

第七,及时复盘

每一次直播完都要复盘,今天哪些话说得好,为什么卖得好。说得好的地方要强化,把它变成固定的话术或者常用的"套路",讲得不好的地方,及时修正,为下一次更好的直播积累经验。总之,每次直播都要复盘数据,找出问题,解决问题。而且,复盘的数据,一定要主播自己去后台统计出来,学会去看各种曲线图,只有这样才会有直接的体感,对自己的帮助也是最大的。另外,要敢于去看自己的直播录屏,自己给自己挑问题,看录屏是最直观的复盘,这个过程中主播是进步最快的。

深度复盘：一场直播，
如何卖到 300 万元销售额

我曾在一个晚上，通过一场直播卖课超过 300 万元，刷新了抖音知识付费领域的单场直播新纪录。

我的合伙人李石说："那个觉得神采飞扬的 Alex 又回来了！"他的原话是"我又见到了那个能'秒天秒地'的 Alex"。

连续几个小时的高强度直播会让人精疲力竭。休息了一天后，终于缓过神来，我开始感叹："刘媛媛真牛，一天能播十几个小时。"

我跟合伙人说：直播的确能赚钱，但真不是人干的事儿。等你连续直播三个月，就会跟我有一样的感悟。

我试图去回忆，在这场直播中我们做对了什么，希望对未来的直播有所帮助，也希望看到这本书的有缘人能或多或少有些收获。

团队给我定的业绩目标是 100 万元，因为我在当时已经 40 多天没直播了，他们心里也没什么底。我在临播的下午，给自己预设的目标是 400 万元，也给提前来到公司做直播准备的小伙伴说了这个数字，这个心理建设的过程非常关键，也很神奇，仿佛印证了那句话——"你想要什么，宇宙就会给你什么"。

我们设定了目标之后，就根据目标来倒推过程。这次直播从晚上 8 点开始，一共 4 小时，中途断播了 10 分钟。最后，在 11 点 54 分左右，又断播了。断播之前，销售额在 296 万元左右，很遗憾没有到达 300 万元，但这个数据已经大大超越了我们团队的预期。大家开始欢呼："校长太厉害了！"

11 点 56 分的时候，我的助理拿着手机兴奋地大喊："300 万了！ 300

万了!"在这两分钟内发生了什么?可能是有用户自己去主页小店下单了。那一刻,我再一次感受到了神秘的力量在帮忙——全力以赴,就会有奇迹发生。

为了记录这次奇迹的发生,我在开播前让博主"澳洲老油条"给我拍了一段视频。我告诉他,我的两手之间捧着一个发热的"能量球"。

我们祈祷着:"Let's make miracles happen tonight!(今晚让我们创造奇迹!)""犹如神助。"最终,他跟我一起见证了奇迹的发生。

当你看到这段文字的时候,你可能会觉得我有啥毛病。但每一次重大事件之前,我都会跟自己对话,都会祈祷,把自己的想法告诉宇宙。这个过程并不是真的期待有什么玄乎神秘的力量出现,而是我在进行积极的自我暗示,我首先要相信自己能做到,才会真正有能量去执行。我把这个步骤叫作"自我聚能"。

我记得第一次在视频里看到迈克尔·杰克逊的演唱会,他跳上舞台一直定在那里,足足有3分钟。那个时候我不大能理解,下面的粉丝尖叫呐喊,甚至还有人晕厥被抬出现场。现在我算明白了,那3分钟,他可能也在"聚能",当全场几万人的能量都传到他身上的时候,他整场演唱会就可以用生命去演出了,而且他一点都不会觉得累,现场的观众也一定终生难忘。

直播的那天下午,我反复告诉自己:"我要卖的这个课程足够好,足够系统,足够全面,能买到课程的人都是幸运的人,他们终于遇到了靠谱的老师。"晚上直播时,我只需要做两件事,第一是讲干货,第二是卖。这两件事对我来说都太简单了。完成了这个心理建设,我就像穿上了铠甲的战士一般,"亮剑必封喉"。

上面的文字都属于个人的感性分享,接下来是理性的干货输出,讲讲如何打造可复制的"高变现能力直播间"。

一、产品，产品，产品！

任何能卖爆的产品，核心一定是产品性价比足够好。我和我的团队研究了市面上所有的短视频 IP 教学产品，几乎没有横向、纵向全部涉及的，甚至都没有一套从 0～1 的系统课程，大部分都是东拼西凑的。所以，我们决定做一套从理论到实践的解决方案的课程——"短视频 IP 变现通关秘籍"，以真正帮助抖音创业者或从业者。

横向覆盖了短视频、直播方法、产品变现、私域社群、拍摄剪辑等系统课程；纵向我们联络各个行业大咖分享，把用户需要的课程，一次全部分享，并持续更新最新的玩法和商业模式。

二、集中预热

我们连续进行了一周的直播预热，把 298000 元的创始人 IP 孵化营打造 IP 项目的秘密总结了 20 多个话题，每天输出，引发了观众的好奇。但在这个过程中，心态要足够好，因为预告视频有广告性质，点赞数据都不会太好，用户的冷嘲热讽要假装看不见。

三、邀约大咖互动

定向邀约刘冠奇、廖恒悦、董十一等大 V 和我一起拍摄预热短视频预告。

"哼，我把网红校长拉黑了！"用这样有噱头的开场，让大家觉得校长要干件"大事儿"。

四、收集好评

邀约曾经向我购买"298000"的客户给我好评；收集所有学员的好评，并制作了几十张海报在朋友圈传播，把粉丝的期待拉满。

五、私域发布直播信息

我们的客服给私域用户群发直播预告，邀请老粉丝来见证校长的新品发布会。这个步骤还可以优化，如果把文字变成"邀请函+文字"的模式，转化率应该会更好。

六、在"私董会"群里预告

我有一个"私董会"，都是我的一些高端社群成员。我邀请他们来围观，给直播间带来了不少人气，最高达到了4000人同时在线，平均在线人数也维持在2000多。

在此，感谢每一位在直播间给我支持的朋友，我都记在心里了。

七、直播间的升级优化

我首次采取了高清摄像机直播，双机位拍摄，这个画质超过了90%的干货直播间，让整个直播间高级感提升。背景图里的文案也可以持续优化，比如"这可能是你最后一次买抖音课""298000元的创始人IP孵化的秘密"等文案，都是直播间"留人"的密码。

八、流量支持

开播的时候,我投了 1 万块钱的 DOU+ 加热直播间。直播过程中还发了几千块钱的福袋。后来经运营复盘,发现直播加热的 DOU+ 没有投成功,钱被退回来了。也就是说,这场直播的流量都是真实的自然流量,不是靠"投流"得来的。

九、大 V 连麦

我邀请了地产酵母、廖恒悦、董十一等大 V 博主连麦分享。

这三位都是我们团队孵化的博主,我为他们三位设计了不同问题,在里面还隐藏了很多销售的话术。在连麦过程中,最高峰是每 5 分钟销售 30 单。

十、打动人心

销售的最高境界就是打动人心,感动自己才能打动别人。但这一切的根源依然是销售者对自己产品的信心,相信自己的产品可以让用户变得更好。这场讲座里,有一个环节我分享了自己的故事,有人在直播后跟我说听我那段故事居然听哭了,那说明我的故事走心了。

直播现场出了一个小插曲,我讲到动情的时候,刘冠奇在现场举了一张纸,上面写着"可以哭!",结果我当时差点儿没笑场。

网红校长一场直播能卖课 300 万元,证明了一件事:所有营销的基础都是产品好,这次能卖好的核心,就是我们做出了好的知识付费产品。我们从内心深处就是想做出一个真正能帮助到抖音创业者的好课程,而且我们会不断更新迭代,带着大家越来越好。

Part 04

构建商业模式：
企业如何做抖音

第九章

老板一定要跟上流量时代

老板为什么要做抖音

我建议所有的老板都要开始入局短视频。为什么呢？我总结出了以下理由：

老板入局抖音的三个理由

第一，抖音是目前国内日活流量的"天花板"。

Facebook（脸书）的 COO 雪莉·桑德伯格在她的书里有这样一段话："如果有人邀请你去坐火箭，不要问哪个位置，先坐上去。"抖音现在就是能帮你赚钱的"火箭"，它就像一个加速器，目前抖音的日活已经超过 8 亿，基本上已经达到了中国网民数量的"天花板"，而且抖音是所有短视频平台当中起量最快、流量最猛的一个，流量就是变现的基础，所以这个平台你一定要进入，而且要把它玩好。

第二，人人皆有机会。

抖音是一个去中心化的平台，在这种机制下，只要你入局了抖音，就有机会爆火。因为抖音不会让几个独大的头部把所有资源全部抢占完，这样是不利于平台发展的。在所有的平台当中，抖音算是相对更公平的一个平台，它不会让火的人一直火，这就给了新入局的人很多机会。

第三，性价比高。

抖音是目前还能在很小的投入情况下，获得比较便宜且精准流量的一个平台。抖音最核心的优势就是它的算法，你想要什么样的客户，就可以在抖音上拍什么样的内容，它的算法就真的能精准地匹配给你想要的客户。我们曾经有一个学员，抖音只有 900 个粉丝，在私域卖高端复古自行车，一个月销售额几十万元。

怎么入局抖音

首先，去看看抖音上你所在行业的人，他们是怎么利用短视频赚钱的？他们的商业模式是什么？他们的转化路径是怎样的？他们是通过短视频带货还是直播带货？他们是直接在抖音上成交还是转到自己的私域去成交……这个需要你去搜索、观察。

有个商业大佬曾经和我说，创业就是三个字，"抄、超、钞"。"抄"就是借鉴，现在国内很多的互联网产品都是抄袭或者借鉴别人的；"超"就是超越，当看到好的模式后就会去想着怎么优化细节做出更好的模式；做到以上两点，接下来就是第三点"钞"，钱自然就来了。

所以，老板入局抖音应该想的第一步，不是怎么去拍短视频，怎么去拍爆款，怎么去涨粉等，而是要想怎么利用抖音这个高效的赚钱工具去变现，这才是最核心的。

老板入局抖音，一般有以下三种方式：

第一种，亲自上阵。

提到创始人 IP，很多人第一反应就会联想到苹果的前 CEO 乔布斯，当年乔布斯发布苹果手机的视频，我看了很多遍，而且我建议想要做创始人 IP 的老板，一定要把乔布斯的相关视频反反复复地看，去研究。除了乔布斯，现在还有一个埃隆·马斯克以及国内的小米创始人雷军。

打造创始人IP不仅仅是靠一个抖音平台，更重要的是靠你长期的经营，所以你要事先想清楚自己是否要亲自上场，成为公司的大销售。对于初创型的公司或团队，老板最好亲自上场，因为老板是对公司最了解的，对产品是最信任的，这样讲出来的内容也是最让人信赖的。所以，老板亲自上阵，自己拍短视频，自己直播，然后引流去私域，和客户建立信任，成为公司最大的销售。

第二种，孵化合伙人或者员工。

有些创始人不适合出镜，或者自己不想花太多精力在短视频上，可以选择孵化合伙人或者让员工成为IP。但短视频离钱太近，一定要提前签好相关协议，不然花钱花时间花精力培养出来的IP，转身就跑了，我在本书后面会详细讲解如何规避风险。毕竟，人性这个东西在绝对的利益面前，真的很难把控，我们尽量依靠法律的手段提前做好规划。

第三种，签约孵化达人。

签约孵化达人就相当于做了一家垂直领域的MCN机构，签约孵化IP，后期分润的合作方式。例如，我们101名师工厂就是一家垂直于教育行业的MCN机构，我们孵化了北大丁教授、申怡读书、大白外教英语、蜗牛叔叔讲绘本等知识IP。我们通过签约的方式，孵化了大量的知识IP，即便我自己的账号"网红校长"不直播不变现，每天也会有很多博主在帮助公司赚钱。所以，"网红校长"这个账号的主要任务，就是找到各个知识领域的头部专家或老师，进行深度的合作即可。

什么样的老板适合做创始人 IP

很多企业创始人最喜欢问我一个问题，就是"校长，你看我适不适合做创始人 IP？"根据我的实操经验，总结了以下几点参考意见：

第一，形象合适

做个人 IP 并非要长得多帅或者多漂亮，而是要长得讨喜。在短视频平台，真正做得好的永远都是保持着积极阳光正能量的样子（至少是在大众面前）。没有哪个老板长着一副苦大仇深的脸能把 IP 做好，你们想想罗振宇、罗永浩、樊登……他们是不是总是一副笑呵呵的样子，很讨喜。如果总是一种拒人千里之外的状态，大部分人看到你的视频就划走了，更别说成为粉丝了。

第二，演讲能力强

想要做好个人 IP，口头表达能力要足够强，共情能力也要强。要能滔滔不绝地持续讲，而且还要能讲到打动人心。最高级别的演讲、最强的表现力其中最重要的一个指标就是要能打动人心，如果你在这方面的能力很突出，那么就适合做短视频 IP。

第三，有强烈的表达欲望

必须要有表达欲望，特别想通过自己的表达去影响别人，改变别人，帮助别人。在生活中，你就是愿意和朋友以及陌生人分享，交流；在公司里，你就是愿意和员工交流沟通。天生就热爱舞台，这种表达欲望能够支撑你在短视频的路上一直走下去。

第四，某个领域的专家

在某个领域具备真正的专业度，在你所擅长的领域要真的能讲出干货。从你输出的内容中让人觉得你是真正的专家，从而愿意关注你，最后他才可能会为你的专业买单。所以你得足够专业，你讲的东西才能让人信服。

第五，懂销售

如果你是一个会销售的创始人，那么做短视频就拥有先天的优势。抖音是现在卖产品最高效的平台，不要浪费你的能力，也不要错过这个机会。另外就是，抖音的算法能精准地帮助你找到你想要的客户。

第六，敢于尝试

不管自己行不行，就想冲进来试试，做你那个行业第一个吃螃蟹的人。如果你看过前面几个条件，还是不清楚自己是否适合做创始人IP，那么不要踌躇犹豫，先试试。在美国有一个理论叫"电梯演讲"（elevator pitch），就是在美国有很多顶尖的销售，他们会利用和老板一起乘电梯的这个极短的共处时光，在老板下电梯之前的30～60秒说服对方给自己下次见面相谈的机会。

抖音就是一个非常好的训练平台，它可以通过训练提升你的表达能力，60秒内你能不能讲清楚一个产品或者一个概念，引发别人对你的好奇，让他购买你的产品。所以如果你还处在一个犹豫不前的状态，那么我给你的建议就是"来试试吧"，万一成功了呢？即使没成功还可以提升自己的表达能力，何乐而不为？

为什么要做企业矩阵账号

第一个原因：矩阵账号效率最高

当大家都知道抖音可以赚钱的时候，很多人都会一拥而上，这种情况下要么比拼单个IP，要么比拼效率。

怎么做效率最高呢？是做一个账号还是做多个账号火的概率更高？答案显而易见，同时做矩阵，让这些矩阵同时获客、同时销售，这个效率是最高的。

但是做矩阵并不是越多越好，而是要快速地做成一个账号，用我的方法快速跑通一个账号，让这个账号先赚1000元，然后测试一下，通过投放或者改变营销方式让这个账号赚到3000元，然后继续优化看能不能赚到1万元。

这个时候再开始同时做别的账号，这个逻辑就是你得先证明自己和你团队有做好一个账号的能力，再去做矩阵。做矩阵的前提是先做好一个账号。

要用足够多的账号去对抗抖音算法的不确定性。

第二个原因：矩阵账号可以分散风险

像樊登、郑翔洲、申晨等这些顶流老师都有很多账号，原因很简单，说不定哪天抖音平台就把其中的某个账号封掉了。如果你只有一个账号，当账号被封，你前面积累的所有资源以及你付出的所有努力和精力，瞬间都化为乌有。

做矩阵账号就是给你分散风险，不至于"一夜回到解放前"。除此之外，不但要做矩阵账号，还要做矩阵店铺，多开几家店，因为平台不仅可能会封你的账号，还有可能封你的店铺。

所以，老板永远都要想的一个问题就是安全和可持续性，千万不要把所有的资源放在一个点上，指望某一个账号为自己挣钱，这样既不安全也不稳定。

第三个原因：矩阵账号能保证持续稳定地变现

所有的账号都有生命周期，当账号在变现最好的阶段，一定要持续发力让它发挥最大价值。过了这段时间这个账号的热度可能就下去了，很多账号运营到一定阶段后，它的流量就可能会经历一个起伏的过程，这个是经过我们运营过很多账号总结出来的规律和经验。

如果每天同时在运营多个账号，这个账号下去了，那个账号起来了，这样就能保证不管什么时候，你的矩阵账号的总流量是相对稳定的。在我们公司内部就是这样的，同一个IP下面做了不同的账号，1万粉丝的账号变现效果可能会超过10万粉丝的账号，这都是很正常的。

我在和郑翔洲、申晨老师沟通的过程中，他们也说粉丝数其实没有那么重要，稳定地出单数才重要。那么，怎么才能保证稳定地出单数呢？答案就是矩阵账号，这个卖得不好，那个卖得好，这就是我们要保障的，每天持续不断地变现。

我们"298000"的一个学员，他们公司只有三个人，但是每天可以做到1000元的利润。他做的是情感类的咨询服务，比如塔罗牌、星座等内容，不适合在抖音上公开去做转化，所以他要求旗下的几十个账号每天都能稳定地给他导一定数量的粉丝到微信，这样就能保证每天都有一定量级的转化和变现。

企业矩阵账号应该如何搭建

第一点，打造类型多样的矩阵账号

矩阵账号的核心是选出真正能带来高转化的几个视频模板，这几个视频模板能不断地帮你获得新粉丝、获得精准流量和卖出产品。比如申晨老师的团队一共运营了30多个账号，每天发400个左右的视频（其中200多个发布到抖音，100多个发布到其他平台），他们可以快速地测出哪个是高转化的视频模板。有一个视频，每天只要一发布，数据就非常好，最高一天能够卖出1万单。这类视频，他们就会拎出来反反复复地拍，在不同的场景、不同的状态、不同的语气下去拍，一定要把这个视频模板的价值发挥到最大。

每个人在玩抖音时都感觉是和全世界连接，但真实情况并非如此。抖音里存在着"不同的世界"，每个人刷到的视频都是不一样的，因为抖音的算法模式会推送更多你喜欢的短视频，你不感兴趣的几乎都看不到，所以我们每个人都是身处在自己的信息茧房里。

因此，如果你想让自己的账号触角伸到不同的群体中去，就需要针对不同类型的矩阵账号来吸引不同类型的人群，所以矩阵账号并不是只找一类人。

第二点，发挥企业蓝 V 账号的价值

还有一点需要注意的就是企业蓝V[①]，要把你的企业蓝 V 搭在矩阵中作为承接。比如有的账号做了很多个小号，把所有的流量全部导向企业蓝 V 上来，然后在企业蓝 V 上做 24 小时直播。小号就是他们的触角，把触角收获的流量全部拉到官方账号的直播间，这样营销的效果就更好。

第三点，给主账号"雇保镖"

矩阵账号里的小号，一方面是用来导流量的，一方面是用来给主账号"挡子弹"的。比如有人通过主账号的留言区或者私信功能来咨询你，如果你直接回复相关内容，这就是一个危险动作，平台可能会认为你涉嫌营销，因此把你的私信功能关了，严重的甚至是封号。

这个时候，你就可以把你的小号发给他，这就是你的"保镖账号"，即使被封损失也不会太大，最重要的是保护了你的主账号，这才是你一切的本钱。

---

① 企业蓝 V：企业官方在自媒体平台账号认证的一种标志。

如何保证账号归公司所有

如何保证账号归公司所有？这一点很重要，因为当利益产生时，这种归属权的界定就非常容易出现分歧，这就需要你了解并掌握一些方法来规避这种问题。

第一，用公司的名义申请账号

比如在开始的时候，手机要用公司的，注册的手机号码也是要用公司的。一般每个人都可以用自己的身份证去移动、联通、电信各申请5个手机号码，也就是说作为企业创始人，你本人一共可以申请15个账号，如果你的创始人团队是3个人，就有45个账号了，再加上3个人的家属亲戚，即使要做100个账号也不难，这个数量级已经足够矩阵账号的运营了。

但不可忽视的一个问题就是，即使是合伙人，也可能会出现"分家"的情况。要避免这样的问题，就要用公司的名义去申请手机号，这样就能锁死账号的归属权。

第二，事先做好准备

首选，肯定是用自己或者直系亲属的手机号或者身份证绑定账号。其次，是选择合伙人或者忠诚度极高的老员工的身份进行注册。另外，每个公司的营业执照可以认证几个蓝V账号（这个不同平台的数量不一致，也会调整），对一般的公司已经够用了，实在不行再多注册几个公司主体，也可以解决这个问题。

让信得过的人来注册账号，比如亲人、亲戚朋友，以及合伙人等，如有必要，也可以签订一份合约，双方约定暂时用他的身份证来认证某个账号，用法律来维护公司的权益。

最后，总结一下，如何保证账号归公司所有？首先，就是要用公司的名义来注册账号，旗下达人只有使用权，从源头来规避以后可能会出现的各种问题。

如何跟旗下达人分配利益

如何跟旗下达人分配利益，这个就和公司的运营模式一样，不同的公司以及同一家公司和旗下不同的达人，分配利益的方式都会不一样。没有固定的一劳永逸的模式，只有不停变化调整的动态平衡。

比如我们公司最开始做的一类博主叫"签约博主"，比如北大丁教授、大白外教英语等都属于"签约博主"，达人准备课程内容和直播的内容，我们来做相关的配合工作，包括给他们拍摄、制作短视频，以及教他们如何运用直播间等，我们采用了按双方约定比例分成的模式。

当然，其他的团队也会根据双方付出的程度对比，达成不同比例的分成协议。还有很多几百万、上千万粉丝的大V，他们会嫌麻烦，也不想去对接广告之类的工作。这样就会有一些 MCN 机构专门帮他们对接广告及其他商务拓展的内容，达人只负责出内容、拍视频，不用做直播，这种广告分成也基本是按谈定的比例分成。

另一种类型叫"阶梯式分成"。我有一个做美妆品类的朋友，在抖音、快手有很多美妆博主都是他公司旗下的达人，他的方式简单直接，就是直接去丝芙兰线下店，通过高薪挖人，他们只需要拍短视频、做直播。他的分成方式是通过"底薪+提成"的方式，每个人签约后每个月会有保底工资，未来所有卖出去的产品，10%的利润分给达人，90%归公司。

但是这种模式，随着达人成长得越来越成熟、能力越来越强，利润分配比例就会随着达人业务水平的提升进行相应调整。一般公司会制定一些标准，比如单月的商品成交总额达到多少就可以分到多少的利润，这种叫"阶梯式分成"。

大部分公司都是采取阶梯式分成的方式，一般情况下，在前期公司会付出得更多，但是随着后期达人的付出越来越多，他们的内心就会发生变化，他们会更加关注自己当下的付出和辛苦，而忘记了最初公司的付出和承担的压力和风险。因此，为了规避这种情况的出现，需要事先通过合约的形式，把很多问题提前设定好。

这里提醒一点，作为老板，要懂得给旗下的员工或者达人分钱，才能把生意做大。所谓"财聚人散，财散人聚"，敞开心胸，提前把各个细节问题谈好，规避以后可能会存在的各种风险或争议，后面才会越做越顺。

日不落直播间的搭建

日不落直播间，顾名思义，就是全天 24 小时不间断直播。抖音上第一个日不落直播是董十一在樊登读书的时候首先发起的，当时董十一在樊登读书主管新媒体部门。直播没有主播，他就带着部门的小伙伴轮流直播，后来抖音官方认可了这种直播的方式，日不落直播间这种概念真正大张旗鼓在全网渲染，是从罗永浩老师的直播间开始的。

罗永浩老师的直播间是所有企业老板都必须要学习的，他通过大主播带小主播，把他的直播间分散成很多个垂直品类的相对更细分更专业的直播间。现在他的直播间除了"罗永浩直播间""交个朋友"，还有了自己的酒水直播间、珠宝类直播间、运动服装类直播间等多个细分垂直赛道的直播间。

另外，罗永浩老师的短视频，从最开始每一条视频都是他本人出镜，到现在变成一群帅哥美女演绎的轻松幽默的段子，有点像《老友记》的感觉，这些是值得大家学习的思维方式。不要把所有希望寄托在一个 IP 身上。

我有一个朋友，他曾经做过一段时间日不落直播间，有成功的案例，也有失败的案例。成功的案例就是那个直播间所有的主播都非常厉害，而且销售成绩相对平均，都维持在一个较高的区间。一旦出现拉胯，数据掉下来，抖音可能就会以你这一场的直播各项数据来决定下一场的推送范围。

所以，如果你要做日不落直播间，一定要保证主播的实力相当，如果没有，尽量让那几个实力强劲的主播多播几场。

还有一个案例，他是一个卖牛肉丸的主播，月销售额超过 1000 万元。

他并不追求直播间的人数,他每次直播的时候,直播间只有六七十个人,但是他的粉丝都知道他是日不落直播间,只要想买牛肉丸就会去他的直播间。

日不落直播间这个概念你现在明白了,但是最终能不能做这个,还是要看你自己的主播是否具备这个能力。当你确定一段直播结束后,下一段主播能接得住,再去考虑做日不落直播间。如果还达不到这个能力,就不要霸王硬上弓,可以让能力特别突出的主播每天多播几场,这样总比数据拉胯要好。

另外,最近又出现一种同品牌店群日不落直播间的玩法,值得各位老板学习。当你在抖音上搜索"无印良品""雪中飞"等品牌的时候,你会发现多个品牌直播间同时在直播,这个未来可能会成为品牌直播间的主流玩法。类似于在抖音上开了多个品牌旗舰店,不同直播间卖的都是同一个品牌的产品,卖得好的一定会拉长直播间时长。品牌方让代理商自己搭建日不落直播间,相互内卷,只需要做好供应链即可。总之,直播间的玩法更新迭代的速度很快,我们要保持学习的心态,多看看别的行业做得好的直播间是怎么做的,这些方法是否能用到我们自己的直播间。

日不落短视频矩阵搭建

在抖音想做成一个大号越来越难,但是抖音中变现最好的账号,并不是那些体量非常庞大的头部账号,而是一些粉丝数 10 万左右的账号。甚至有些主播在粉丝数达到 10 万以后，刻意控制粉丝数的增长，所谓"枪打出头鸟"，他们刻意控制自己不要出现在聚光灯下，采取相对低调和务实的方式，在别人看不到的地方低调地把钱挣了。

前面提到，之前日不落短视频做得最好的就是樊登老师。2019 年的时候每刷几个视频就能刷到樊登老师，不过当时抖音的算法和现在也不一样。现在抖音已经调整了算法，调整之后矩阵短视频卖课卖得最好的是博商的老师们，就是你经常刷到的郑翔洲、申晨、章义伍等。其中章义伍老师利用短视频矩阵直接卖 199 元的录播课程，销售额超过了千万元人民币。

所以，怎么在抖音上高效地获客，尤其是对于大部分普通人而言，想在抖音上搞到流量转化变现，就要付出比常人更多的努力，以量取胜就是一个行之有效的方法。不过这里面也有技术含量，比如用量来测试出哪些视频是涨粉最多的，哪些视频是引私域最多的，哪些视频是直接带货更高效的。当你找到这些视频之后，就要换着花样来重新拍摄，一直把这条视频的价值全部榨干挤尽为止。

这其实就是所有投信息流广告的方式，我有一个学生，他们公司每天都要产出 500 条信息流广告的视频，同时投放出去之后，当天晚上就能看出哪些视频的数据比较好，他们也会看别人某一条视频突然转化率很高，一旦发现特别优秀的视频，半夜加班加点都要把这个视频拍出来，然后再次投放。

所以，你要用账号的数量和短视频的数量，不停地发，测试出那些高转化的视频，再反反复复地更换不同形式去投放。比如申晨老师卖得好的视频一般分为两种。第一种是他拿着话筒在台上讲课，这类视频的行动指令非常强，让人觉得不买这个课程都对不起自己，错过了一次成功的机遇。还有樊登老师也是这样，当他拿着话筒在场馆里演讲，就比他坐在桌子前录的视频效果好很多，因为对于用户来说，很多人不知道樊登是谁，但是如果他拿着话筒，在一个巨大的体育场演讲，就会显示他的权威感。

第二种是他一边吃东西一边录的视频，这类视频中他的状态是非常生活化的，整个人的状态非常放松，当别人刷到他的视频，就像家门口一位邻居在街头巷尾遇到闲聊一样，天然有亲近感。

所以，你要想办法测试和总结自己哪一类视频转化率更高，找出它们，就是要靠这类视频去吸引流量。

第十章

如何打造创始人 IP

公司创始人为什么要打造个人 IP

什么叫创始人 IP

当我们提到创始人 IP 的时候，我想先给大家简单地介绍一下创始人 IP 的由来。

其实，公司只要做到一定的规模，创始人 IP 自然而然就形成了。但遗憾的是，这样的公司可能是大多数人一生都无法做到的。例如：当我们提到苹果手机自然就会想到乔布斯，当我们提到特斯拉自然就会想到马斯克，当我们提到抖音自然就会想到张一鸣，当我们提到小米自然就会想到雷军，当我们提到新东方自然就会想到俞敏洪……企业做到一定规模的时候，他的名字就代表了这个企业，创始人 IP 自然也就有了，不需要打造，当然大公司也会有公关部门对老板的对外形象进行一些适当的包装。

所以，我更想跟大家聊的是，我们作为一家普通公司的创始人，为什么要打造我们的个人 IP？我作为一个受益于个人 IP 的创业公司老板，想跟大家分享一些我个人的心得体会，希望对想要打造个人 IP 的创业者有所帮助。

是不是所有创业公司的老板都需要打造个人 IP？

这个答案显而易见，不是所有公司的创始人都需要创始人 IP，也不是所有的创始人都需要拍摄短视频。但只要你的公司需要流量，需要 B 端[①]或者 C 端[②]的客户资源，或者说你的公司需要对外宣传，那短视频平台是每个老板一定不能错过的渠道。今天短视频平台日活在 10 亿人左右，网民在短视频平台每天花几个小时时间，流量在哪里，用户就在哪里，短视频获客是每位老板的必修课。

打造个人 IP 有何意义

第一，创始人本身对公司是最有感情的，甚至有些创始人把公司当成自己的孩子一般看待，所以创始人对公司的忠诚度一定是最高的。对于一家企业来说，打造创始人的个人 IP 也是最安全、最稳妥的一种方式。打造别人，你有可能担心对方跑了，给他人做了嫁衣。

第二，拍短视频打造个人 IP 是锻炼创始人的表达能力、演讲能力、镜头表现感最好的方式。对于一个创始人来说，会自信地表达是非常关键、非常重要的能力，而通过拍短视频，也能提高这个创始人原本的表达力。

第三，短视频营销是未来十年内，每一个企业的创始人必须要掌握的技能。因为短视频一定会成为未来所有商业模式获客的重要途径，你作为一家公司的创始人，是不是应该认认真真地为企业的未来做打算呢？所以我建议你一定要了解短视频，怎么能快速了解，就是亲自下场试试。

[①] B 端：B 端的客户以企业为主，其需求主要是满足公司利益，满足一个群体的需求，这中间涉及更多的群体利益。
[②] C 端：C 端的客户以个人为主，大多是满足个人需求，或者实现个人价值等。所以在考虑客户需求时，就应该从不同的内容去分析。

第四，通过短视频打造创始人个人IP，能让创始人本人出圈。

比如说我曾经是在教育圈，那我通过短视频这件事情打造个人IP之后，就吸引了更多各个领域的有实力的企业家朋友。不同领域之间的资源又可以进行互换，也有了更多的合作机会，让我和我公司的未来有了更多的可能性。

举个简单的例子，我通过打造个人IP结识了很多以前在电视上才能看到的人，例如新闻联播的主持人张宏民老师。我们还一起吃饭喝酒，我把照片发到家庭群里，家人们都觉得可牛了。这些人当中，很多人都成了我们的客户。再比如我的办公室要装修，一位抖音上的粉丝迅速地给我介绍了一个优质的装修团队，后来的服务也让我非常满意。在我开始做短视频IP之后，我发现可以连接到更多资源，无论是生活上还是事业上，都比以前顺利很多。

第五，你作为公司的创始人，应该是最懂公司产品和业务的人，作为公司代言人是再好不过的人选。

对于大部分公司来说，你能当这个公司的创始人或者CEO说明你的能力是足够强的。

而从打造个人IP的层面来说，哪些人最容易成功呢？当然是那些在生活中已经证明过自己的人，他们是更容易出圈的，因为他们以往的成就，可以反映出他们坚韧的意志品质、敏锐的商业洞察力、果敢的决断力等，这些对于我们开拓任何领域都有帮助，当然也包括做短视频。

创始人 IP 的拍摄注意事项

本文中提到的创始人 IP 孵化讲得更多的是采访式的视频模式，采访式的视频模式非常适合时间有限的老板们。因为一次拍摄可以产出足够多的视频素材，每两周或者一个月抽出几个小时拍摄就可以了。另外，采访式的拍摄形式天然地塑造了一种专家感，被访者也会更容易放松。对于镜头表现力没有那么好的创始人来说，这种方式是最好的选择。当然，如果是表现力好的创始人，还可以考虑其他形式的口播，例如 vlog 或者演讲式短视频都是不错的选择。

怎么选拍摄设备

很多人好奇我们"298000"的拍摄现场是什么样的，创始人 IP 的拍摄设备有哪些，这里分享一下我们的拍摄场景（图片见本书附图）。

一般情况下，我们会准备两台相机（两台松下 S5，一台镜头焦距 85mm，一台镜头焦距 20～60mm），一个机位拍摄整体画面，另外一个机位拍摄特写画面。另外有三个灯，两个面光（南光 Forza200W 聚光灯），还有一个顶灯（南光 Forza60B 双色温聚光灯），打出来的效果会让主播的发丝显得特别亮，在镜头前闪闪发光非常重要，看起来就会比别人更有质感。而且这种高质感的画面，也会给主播带来更好的体验，有利于提升他们演讲的状态，甚至达到"心流"的状态，这样就形成了一个正向循环的拍摄效果。

除了准备足够的硬件设备，每一个创始人 IP 的主播到我们这里来拍摄时，都会自带助理和化妆师，因为我们一次会拍 30 条作品，拍摄间歇我们会让化妆师给主播补补妆，调整一下整体造型。

另外，还有一个非常容易忽略的点，就是收音设备。比如采访式的短视频，很多人只在意被采访的主播的声音，但是忽略了采访者的声音。我们的设备采用的是一拖二的麦克风，采访者的声音收录进去这个点非常关键，因为采访式的拍摄方式，采访者的声音是第一个让用户听到的声音。

以上，就是我们在拍摄短视频时的场景、设备以及一些细节，希望对你有帮助。

拍摄过程要注意哪些细节

以下，是我在拍摄过程中总结出来的一些细节，相信对你的拍摄也会有一定的帮助。

1. 打印出拍摄话题清单，提前准备选题。
2. 注重拍摄时出镜的道具，比如本子、笔、话筒等，提升作品质感。
3. 给达人准备好水或饮料，提升对方的体验感。
4. 正式拍摄前，先和达人沟通答案并进行优化。
5. 现场不要有杂音，以免影响达人的状态。
6. 提问之前先吸一口气，调动访问者的状态。
7. 反复追问，调动达人的状态。
8. 挖掘观众的兴趣点，并预测观众的反应。
9. 拍摄时要对达人进行形象管理，必要时可以请化妆师在现场进行支持。
10. 每次拍摄第一条时，需要反复帮助达人找到状态，必要时可以告诉达人文案说什么、怎么说。
11. 现场放一些"贵价好物"，提升环境的品质，最终提升视频的品质。

采访式短视频提问有哪些技巧

很多人发现我录制的采访式短视频更容易上热门，而且我的语言和表达就能吸引粉丝把视频看完，这个关键点就在于提问，我的提问里面蕴藏了很多方法，下面我就分享一下我总结的关于提问的几个技巧：

第一，提问的核心是对问题足够好奇，这样才能激发达人的表达欲

我在提问时是真的对这件事充满好奇，这样才能激发对这个被提问者表达的欲望，他能感受到你对答案的渴望，这样才能调动他的状态。如果你表现出来的状态对他这件事没什么好奇心，他就不会再认认真真回答你的提问了，所以你在提问的时候一定要充满激情地用心提问。我在提问的时候通常有一个小细节，就是提问之前深吸一口气，这个吸气的过程就是在提劲，这会有利于你提问时的状态表现。

同样一个问题，不同的人提问，结果出来的数据反馈往往会有很大的差别，这就是提问者对这个问题的好奇心和探知欲强烈与否导致的。很多人在提问时没有饱满的情绪，是因为他把这件事当成工作，当他只是应付式地问别人问题的时候，用户是能感知到的。但有的人是热爱，他在提问和听对方回答时双眼都是带着渴望的，当采访结束之后，他会精疲力竭，因为他一直在和被采访者互动，时刻都在调动自己的状态来点燃对方。这就是两者之间的区别。

第二，好的提问者，要么与被访者棋逢对手，要么对被访者极度崇拜

采访双方如果是棋逢对手，能够同频共振，就能滔滔不绝地讲出很多内容，这样就是一个很好的采访状态。如果被采访者能力水平很高，一般人很难企及，那么就索性找一个对他极度崇拜的人来采访他，这种崇拜的感觉也能调动被访者的状态，因为好为人师是人的天性，越是成功的人越容易产生这种感觉。

第三，拍摄时可根据当天的内容和过往的经验，临时拓展选题

这种临时调整或拓展的选题，往往能够取得意想不到的效果，因为临场突发奇想，往往都是之前潜意识对一个问题的思考突然出现了答案，还有一种结合现场的实际情况突然涌现的灵感，这种状态下出来的灵感往往都是非常优秀的选题，所以要重视并抓住这个机会。

第四，照顾被采访者的情绪，比什么都重要

我之前在拍摄的时候，有些创始人表达能力其实没有那么强。这种时候，他本来就很紧张，就要采取多鼓励的方式。例如我发现对方回答没有达到我预期的时候，我会说："不好意思，我没问好，咱再来一遍会更完美。"这个细节很重要，其实他也知道自己没回答好，但我给了对方一个很好的台阶。另外，采访者的状态也极其重要，千万不要找个"机器人"来提问，没有温度的提问，都是失败的采访。

第五，要故意设置一些会引发争议和讨论的选题

你要想办法让你的作品里有那么几条是能引发争议的，这样才能让更多人看到你，你才能火，才能吸引到流量，最终为你的转化变现服务。

第六，优秀的提问者要学会夸奖达人，调动他的积极性

及时有效地夸赞会让达人感觉自己的表现被认可，他会因此表现得更加自信，情绪更加饱满，这样在镜头前表现出来的状态也就更好，最终拍摄出来的作品也是最好的。

第七，选题的核心是要让用户觉得"与我相关"

"与我相关"是选题最重要的视角，这个"与我有关"是与观众有关。选题一定要尽量跟粉丝和尽可能多的人产生关联，激发好奇心，让他因此有欲望继续看下去，这样视频的完播率以及账号的关注率就会上升。

第八，短视频能爆的核心是达人拍摄时的情绪能打动观众

不管是选题还是场景，短视频能爆的核心就是主播的情绪是否能够打动粉丝，情绪决定了主播的表现力。所以，采访过程中，提问者跟被访者共情极其重要，一个懂他的采访者才能激发他的情绪波动，他才能说出打动人心的答案。

第九，回答问题一定不要直接给答案，要把粉丝的期待值拉满

为了提高完播率，不能一上来就直接讲答案，这个技巧要拿捏到位，稍微说一两句话勾住用户。例如：我问宋佳，"一颗钻石多少钱？"我不会让她告诉我答案，她第一句说："你挺敢问啊！"之后开始计算，这都是提高完播率的小技巧。粉丝如果已经知道答案，对你的视频就没有好奇心，也就没有继续看下去的欲望和动力，这样就会导致用户刷完即走，这样的短视频就很难上热门。

如何选出采访的第一个问题

结合我以往找选题的经验，和你分享如何选出采访时的"第一个问题"。

我们每次在拍摄之前，一般会提前准备 30 个选题，那第一个选题是怎么确定的呢？

我会从这 30 个选题中挑最能够鲜明地体现达人表现力的那一个，让对方能够迅速进入状态，接下来的拍摄就会很顺利。比如在拍摄奢侈品主题的时候，我可能挑选的第一个选题是"花 100 万买包的女人都是什么样的人？"，如果一直卡在第一个选题，当天的拍摄就会非常困难。

在正式开拍之前，采访者可以通过夸赞对方，来调动对方的状态，这是采访者必须具备的一项技能。夸赞对方的核心目的就是让对方开心，只有在她非常开心的状态下,她才有可能把这个视频拍好,她的表现力才能展现出来。

总结一下,开始第一个话题就是为了让对方放松,让他进入"心流"状态。接下来每个话题都是不断地利用人性和规则,让大家看下去,最终把自己的业务植入进去,而且这个植入不能生硬,必须是软性植入,然后一条一条地往下拍,最终就可能收获成功。

所以,IP 孵化是一件长时间的事情,而且你一早就要开始规划好,最好的选题是既能吸引眼球,又把自己的业务软植入进去,然后坚持拍摄,不断调整,静待花开。

创始人 IP 孵化的深度复盘

很多人知道"网红校长"这个称号,就是因为那把爱马仕橙的椅子和"298000 元的创始人 IP 孵化项目"。其实,这把椅子给我带来了多少光环,就给我带来了多大压力。流量是把双刃剑,它能给你带来多少喜悦,就会让你承受多少痛苦。

我是真实地感受到了这种喜悦和痛苦交织的矛盾感受。在最近的一次直播时,我在分享的 PPT 第一页写道:"如果有别的选择,千万不要做网红。"

你一定觉得我是胡说八道,我自己就是做抖音网红 IP 孵化的,怎么会劝人千万不要做网红呢?实话告诉你,我最近把常用手机上的抖音 App

卸载了,以防止我在抖音上过度浪费时间,毕竟抖音上大部分信息是毫无价值的,这也是抖音最厉害的地方,利用人性的弱点,给你推送的都是你喜欢的视频,让你在抖音上不断浪费时间,而抖音老板张一鸣最喜欢的四个字叫"延迟满足"。

在过去两年里,101名师工厂从一家专门孵化名师IP的公司发展成一家孵化全行业专家IP的公司。从最初在中关村的共享办公室到如今在北京朝外SOHO有了五处独立办公空间,并在广州、深圳、重庆、武汉、合肥、长沙、大连分别成立了分公司,我们在一点一点变大变强,同时我们也被广州市越秀区政府以重点项目引进广州,在广东省电视台686五楼成立了果多文化IP孵化直播基地。

我们成功孵化了北大丁教授、申怡读书、王小宁商业演讲等数百名行业专家IP。这些人都有一个共同特点,他们都在所在领域取得过超过常人的成绩,只是不知道怎么在抖音上火起来而已。

后来我们推出298000元的创始人IP孵化课,就有了地产酵母、廖恒悦、李蕾、桐姐商业思维、珠宝姐宋佳、运营之光黄有璨等数十位行业专家的IP。这几十位创始人IP中,有商业变现极好,几个月赚了上千万元的,也有一些变现几十万到几百万元的。

有个别人交298000元是想来改命的,这样人的钱,千万不能收。后来这些事儿搞得我非常糟心,把一些送上门的298000客户都婉拒了,其中包括很多知名企业的创始人。

同样的产品,同样的服务,同样的拍摄设备,同样的提问方式,同样的状态,为什么有些人做得很好,有些人会不尽如人意呢?我通过过去几个月不断地反思和总结,好的坏的都放一起,都是我在写下文字那一刻的真实感受。

一、创始人IP孵化这个产品本身有个bug(缺陷),就是不管对方账号我们帮他做得如何，用户对我们的好感度是向下发展的，做得好的多多少少会觉得自己很牛了，做得没那么好的觉得自己亏了，背后骂娘也是可能的。这是人性，没有好坏，所以单纯的 IP 孵化代运营服务不是啥好生意。

二、你本身的水平和能力，决定你这个 IP 的天花板，运营能做的没有那么多，就是点亮你，让你发光。所以，一个 IP 能不能起来，主要看被孵化这个人的水平。抖音是放大器，你厉害，抖音能帮你放量，本身不行，抖音也帮不上忙。

三、做 IP 孵化的老板，一定要相信自己的直觉，第一眼觉得不行的人，千万不能收，给再多钱都要拒绝掉。天王老子打招呼都不要合作，不然后面一地鸡毛，双方都不开心，连朋友都做不了。

四、到目前为止，很少有创始人 IP 在我们的服务结束后拍出过更高质量的作品。但个人 IP 最重要的是持续稳定地输出高质量作品，这个问题怎么才能解决？只能是创始人本身及团队学会 IP 孵化的每一个环节。另外，专业的事交给专业的团队，懂得分钱，把蛋糕做大才是关键。

五、真正能给用户带来价值的 IP 在抖音上有流量就能变现，所以做 IP 第一步是想好商业变现路径，没想好怎么变现，流量再多也没用。所以，做好抖音的第一步就是做好账号的商业定位，这样才不会走弯路。

六、不要在不重要的事情上浪费太多时间，比如人设定位，你卖啥，你的定位就是啥，没有那么复杂。普通人也不需要啥人设，樊登就是卖读书会会员的，地产酵母就是卖房的，珠宝姐宋佳就是卖珠宝的，简单直接。

七、不要太迷恋粉丝数，1000 粉丝就能变现的 IP 才是好 IP，10 万粉丝跟 100 万粉丝的直播间差别不会很大，变现才是王道。甚至我们测试出 10 万粉丝左右的账号，粉丝发私信的欲望是最强烈的，你账号粉丝太多，用户反而会觉得跟你有距离感了，这个大家体会一下。

八、高客单价的产品拍摄场景一定要高大上，越浮夸越好，越贵的产品，在抖音上流量越好做，用户买你的产品可能就是为了炫耀。如果客单价低的产品，想办法跑通短视频带货，大力出奇迹，高产如母猪，向书单号学习。

九、抖音上多贵的东西都能卖出去，几万块钱的课程都可以在直播间成交，我在直播间还卖过 298000 元的 IP 孵化产品。但更多高客单价的产品不一定在抖音上成交，这个要根据产品属性来定。比如地产酵母靠一条讲四合院的视频卖了一套一个亿的四合院，"王然布舍"卖出去客单价 20 万元的定制会员；珠宝姐宋佳、珠宝格格大顺都卖出去过单价几十万元的珠宝等。这些都是私域成交的好案例。

十、对于真正能给粉丝和用户创造价值的 IP 来说，一年在抖音上收入上千万元没有那么难，甚至你都不需要是行业顶级专家就可以做到，当下靠"吹牛"的人也有年入千万元的，你如果真有本事，千万不要错过抖音。

十一、抖音上创始人 IP 流量相对别的平台来说，真的是最便宜的，只要利用好抖音的公域流量，把客户沉淀到私域持续变现，起量是所有短视频平台最容易的，抖音就是未来，不做很大概率会被淘汰。

十二、如果创始人决定做短视频，99% 的精力都应该放在抖音上，抖音的势能是无法阻挡的，火山小视频日活都赶上快手了。如果你有很多微信私域流量，同步更新一下就好了，但现阶段必须全力做抖音。

十三、抖音对 IP 本身的能力要求会越来越高，之前我推火的创始人 IP 采访体全网都在模仿，当全网都在模仿的时候，用户就会审美疲劳，这种形式的红利基本也就结束了，所以我们有了创始人 IP 2.0 模式。

十四、创始人 IP 最核心的是选题，通过不断地测试选出最优的破圈、涨粉、转化的话题，不断优化文案，不断引导用户一直看完视频，不断埋钩子，利用算法，利用人性。

十五、创始人 IP 第二个核心点叫包装，账号主页、账号名称、视频场景、穿衣打扮、言谈举止等，你在视频里呈现的样子，就是你想对这个世界展示的样子,所以一定要好好打扮自己,按照相亲的标准要求自己。

十六、创始人IP第三个核心是表现力,表现力的核心是对自己及自己产品的绝对自信,这个东西演不出来,内心越笃定,你在镜头里越有魅力。用稻盛和夫先生的话来说叫"言灵",你的语言是否充满灵魂,你对你自己说的话是否笃定,你坚信你能帮用户和粉丝成为更好的自己的时候,就是你最圈粉的状态。

十七、做IP先利他再利己,持续输出对用户有价值的内容,他们也许今天不为你付费,但有一天他们需要你的时候,一定会想到你。我当年做了四年的节目《英语啪啪啪》积累的大量粉丝,到今天我成了网红校长,他们依然相信我并支持我,这就是优质内容带来的福利,好的内容就像滚雪球,最后受益者都是IP本身。

十八、永远保持敬畏之心,相信能量守恒法则,得到不该得到的一定会失去不该失去的,千万不要想着"割韭菜","割韭菜"给别人带来的伤害最终都会反噬自己,折损自己的福报。

十九、说说破圈。我通过抖音认识了很多我之前不可能接触到的圈子里的牛人,其中有些人成了我的客户,有些人成了我的朋友,个人IP会让我们跨越空间和行业找到这个世界跟自己同频的人,这些高能量的灵魂在一起碰撞的时候,一定会开出不一样的花朵。另外,我们公司最强的编导都是我通过发抖音日常视频招到的,他们为公司创造了很大的价值,这算是我做IP的意外惊喜。

二十、如果做个人IP的目的仅仅是赚钱,你会变得异常焦虑和痛苦。你把做IP当作一个留住你才华和美好的生活方式,把时间拉长,静待花开也许是做IP比较好的姿势。IP比的不是爆发力,而是持久力,做一个抓住平台红利、跨越时间周期的个人IP。我们一定想办法给自己的内心留一片净土,那片净土里没有利益,只有美好。

"满地都是六便士,他却抬头看见了月亮。"

如果有别的选择,
千万不要做网红。

——网红校长

坚持拍摄,不断调整,
静待花开。

——网红校长